Michaela Funk

Fahr
mal hin

Auf Entdeckungstour
durch Baden-Württemberg

belser

Für meinen Vater,
der allen Schülern ins Poesiealbum schrieb:

„Leben heißt wandern"

Michaela Funk

Umschlagabbildungen
Vorderseite oben: Pfahlbauten in Unteruhldingen © Berthold Steinhilber/laif; unten: Luftaufnahme Insel Mainau © Mainau GmbH
Rückseite (v.l.n.r.) Mannheim, Wasserturm © SWR/Stadtmarketing Mannheim; Friedrichshafen, Radler am See © Tourist-Information Friedrichshafen; Stuttgart, Schlaichturm © TMBW; Kloster Alpirsbach, Kreuzgang © Stadt Alpirsbach

Bibliografische Information der Deutschen Nationalbibliothek
Die Deutsche Nationalbibliothek verzeichnet diese Publikation in der Deutschen Nationalbibliografie; detaillierte bibliografische Daten sind im Internet über http://www.dnb.d-nb.de abrufbar.

© 2011 by Chr. Belser Gesellschaft für Verlagsgeschäfte GmbH & Co. KG, Stuttgart, für die deutschsprachige Ausgabe.

Redaktion: Dirk Zimmermann

Lektorat: Erwin Tivig, Dirk Zimmermann

Gestaltung und Produktion:
Verlagsbüro Wais & Partner, Stuttgart, Rainer Maucher

Druck und Binden: Print Consult, München

www.belser-verlag.de

ISBN 978-3-7630-2601-2

Der Verlag bedankt sich bei der Tourismus Marketing GmbH Baden-Württemberg (TMBW) für die gute Zusammenarbeit.

MIX
Papier aus verantwortungsvollen Quellen
FSC® C084279

WIR SIND SÜDEN.
BADEN-WÜRTTEMBERG

Zur Orientierung

Rhein-Neckar/Franken

Taubertal

Tauberbischofsheim (S. 184)

Tauberrettersheim (S. 184)

MANNHEIM (S. 162)

Kurpfalz

Schwetzingen (S. 162)

Mosbach (S. 174)

Heidelberg (S. 168)

Südlicher Odenwald

Bad Wimpfen (S. 168)

Künzelsau (S. 178)

Schwäbisch Hall (S. 178)

Hohenlohe

Maulbronn (S. 156)

KARLSRUHE (S. 146)

Rastatt (S. 146)

Ludwigsburg (S. 32)

Aalen (S. 54)

Baden-Baden (S. 142)

Hirsau (S. 156)

STUTTGART (S. 12)

Schwäbisch Gmünd (S. 64)

Esslingen (S. 20)

Geislingen (S. 48)

Sasbachwalden (S. 138)

Bad Ditzenbach (S. 48)

Heidenheim (S. 64)

Hornisgrinde (S. 138)

Kappelrodeck (S. 138)

Ortenau

Giengen an der Brenz (S. 64)

Oberkirch (S. 138)

Alpirsbach (S. 156)

Tübingen (S. 26)

Münsingen (S. 58)

Helfensteiner Land

Offenburg (S. 138)

Reutlingen (S. 44)

ULM (S. 70)

Oberrhein und Schwarzwald

Mössingen (S. 40)

Pfronstetten (S. 58)

Balingen (S. 40)

Schwäbische Alb

Ettenheimmünster (S. 134)

Schonach (S. 152)

Gutach (S. 152)

Triberg (S. 152)

Biberach/Riß (S. 106)

Schönwald (S. 152)

Kaiserstuhl

Vogtsburg (S. 124)

Rot an der Rot (S. 102)

Breisach (S. 134)

FREIBURG IM BREISGAU (S. 128)

Bad Waldsee (S. 106)

Bodensee und Oberschwaben

Heitersheim (S. 120)

Münstertal (S. 134)

Bad Wurzach (S. 102)

Markgräflerland

Überlingen (S. 96)

Ravensburg (S. 106)

Müllheim (S. 120)

Todtmoos (S. 134)

Insel Reichenau (S. 90)

Insel Mainau (S. 90)

Wangen (S. 112)

Isny (S. 112)

Friedrichshafen (S. 86)

KONSTANZ (S. 78)

Lindau (S. 78)

Bregenz (S. 78)

Inhalt

Bodensee und Oberschwaben

Oberrhein und Schwarzwald

Rhein-Neckar/Franken

Vorwort

Dieses Buch ist ein Amuse gueule, ein Gruß aus der Reiseküche, ein Appetitmacher auf mehr. Es erhebt keinen Anspruch auf Vollständigkeit. Stattdessen gibt es einen Einblick in die Vielfalt der Regionen in unserem Land. Es folgt dem Titel unserer SWR-Fernsehreihe: *Fahr mal hin!* Als die Sendung 1994 an den Start ging, war Urlaub in der Region eher etwas für Ältere und unter den Jungen verpönt – erst recht Wandern. Das hat sich entscheidend geändert. Insoweit zählen wir zu den Trendsettern. Denn erst wurde es chic, eben mal weg zu sein und auf dem Jakobsweg zu pilgern. Dann folgte das Wandern als beliebter Ausgleich zu Bürojobs mit Genickstarre.

Baden-Württemberg ist ein buntes Bundesland. Daraus schöpft die Sendung *Fahr mal hin* ihre Themen, zielgerichtet auf das reisende Publikum. Das sind immer mehr Paare und Familien, die ein Wochenende weg wollen, direkt vor die Haustür oder ein Stück weiter mit der Bahn. Das sind die mehr oder minder Sportlichen, die mit dem Rad los wollen. Das sind Großeltern, die ihre Enkel zu Besuch haben. Das sind aber auch diejenigen, die aus gesundheitlichen Gründen nicht mehr verreisen können und filmisch von Ort zu Ort fahren. Alle erwartet bei den filmischen Reisen ein abwechslungsreiches Programm mit verlässlichen Zutaten: Natur, Kultur, Geschichte, Bewegung, Kulinarik, Technik und Zukunft. Das ist ein Thema im Zuge des viel zitierten demografischen Wandels. Wo geht die Reise hin? Wie sich fit machen für die Zukunft? Was ist ökologisch korrekt?

Die Region ist der Hauptdarsteller, auch gespiegelt in ihren Menschen. Deren Geschichten sind der Stoff für unsere Filme.

Dafür wechseln wir gerne die Perspektive.

Wir begegnen Tieren auf Augenhöhe, auch wenn sie dunkel sind und tonnenschwer.

Wir diskutieren vor Ort, mit den Protagonisten, wie wir die schönsten Bilder finden.

Dieses Buch durchwandert fünf Regionen, macht Station in Großstädten wie Stuttgart, Mannheim oder Ulm. Es führt auch zu mythischen Orten und geht der Frage nach, warum das Glück besonders in Oberschwaben zuhause sein soll.

Radfahren und Wandern sind die beliebtesten Arten der Fortbewegung in der Freizeit. Das behaupten zumindest Tourismusexperten. Deshalb wandern wir gemächlich durch den Schwarzwald und fahren am Bodensee gemütlich Rad. Das alles mit Witz, mit Augenzwinkern, mit Leichtigkeit – und immer informativ. Am besten gelingt uns dies, wenn wir etwas entdecken, was nicht einmal die Einheimischen kennen.

Dieses Buch mit Bildern, die sich auf Papier nicht bewegen können, mag Sie bewegen, auch unsere Sendung anzuschauen: immer dienstags um 22 Uhr im SWR Fernsehen. Gerne soll es auch Appetit machen, unser Land zu entdecken. Ganz im Sinne des Sendetitels: *Fahr mal hin!*

SWR Fernsehen/
Redaktion Fahr mal hin Stuttgart

Stuttgart und Region

Stuttgart

Die gigantisch grüne Großstadt

Warum assoziieren bundesweit so viele Menschen Stuttgart mit einem Kessel und so gut wie keiner mit den vielen Bergen? Schließlich ist die Landeshauptstadt auf wesentlich mehr Hügeln als Rom gebaut. Mehr als zwanzig sollen es sein, doch so genau weiß es niemand, da manche Bergkuppe fließend in die nächste übergeht.

Wer etwas auf sich hält und das nötige Kleingeld hat, sucht eine Wohnung in HHL – Halbhöhenlage – oder zieht gleich auf einen der meist grünen Hügel wie beispielsweise den Killesberg. Oder in einen der grünen Stadtteile, die heute noch schnuckelige Winzerhäuschen haben, wie Untertürkheim, Uhlbach oder Rotenberg. Und natürlich Weinberge. Hügel!

Die sechstgrößte Stadt Deutschlands und nach München die größte in Süddeutschland liegt 245 m über dem Meeresspiegel. Je nachdem, wo man hinwill, kann es schon vorkommen, dass 350 Höhenmeter zu überwinden sind. Mal eben, mal wieder die Hügel: Das macht das Radfahren auch zu einer sportlichen Herausforderung.

Die Landeshauptstadt zählt 23 Stadtbezirke und 152 Stadtteile und um die 600 000 Einwohner. Hört sich mächtig kompliziert an, ist es in Wirklichkeit aber nicht. Vermutlich hängt der festgefressene Gedanke des Kessels mit der Mobilität via Auto zusammen. Die Weinsteige runter. Also einen Hügel. Und so oft Stau. Dabei ist Bahn fahren nicht nur ökologisch korrekt, sondern auch zeitgemäß, denn Stuttgart hat einen der pünktlichsten Bahnhöfe bundesweit. Trotz oberirdischen Kopfbahnhofs.

Klar, Stuttgart ist eine Autostadt. Gleich zwei Weltmarken produzieren hier fahrbare Untersätze. Aber eben nicht nur dies. Die Stadt ist zum Beispiel eine der grünsten Städte in ganz Europa. Hat nach Budapest die meisten Mineralquellen, ungewöhnliche Schwimmbäder, darunter das Mineralbad Berg, eine Institution neben all den anderen Hallen, Wellnessoasen und Fitnesstempeln.

Wer mehr über Stuttgart erfahren will, setzt sich am besten in die U-Bahn. Die fährt im 10-Minuten-Takt. Und damit erübrigt sich dann auch die Frage: Wo hänge ich mein Auto auf?

So kommt man hin

Mit der Bahn:

Es gibt viele Möglichkeiten, nach Stuttgart mit der Bahn zu reisen. Als zentraler Anreisebahnhof eignet sich der Hauptbahnhof. Er ist per ICE, IC oder Regionalbahn erreichbar. Von dort aus führen dann U-Bahn-, S-Bahn- oder Buslinien weiter.

Mit dem Auto:

Je nachdem, aus welcher Richtung man kommt, ist Stuttgart entweder über die Bundesstraßen 10, 14 oder 27 sowie über die A 8 und A 81 erreichbar.

◀ Das Stuttgarter Kunstmuseum, kurz „Kubus" genannt, am Schlossplatz. Das Neue Schloss wurde im Zweiten Weltkrieg stark zerstört, danach aber wiederaufgebaut.

Ein günstiger Startpunkt für eine Erlebnistour ist mitten im Zentrum, am Alten Schloss. Untergebracht sind darin das Landesmuseum mit Exponaten von der Steinzeit bis in die Gegenwart und – seit 2010 – das Kindermuseum. Letzteres ist nicht nur bei Regen zu empfehlen. Hier beginnt auch der Schlossgarten, der zusammen mit dem Rosensteinpark – darin ist die alterslose Wilhelma, kennt so gut wie jeder – und dem Höhenpark Killesberg das so genannte Grüne U bildet. Knapp 200 Hektar durchgängige Grünflächen mit immenser Hasendichte. Hasenjagd ist allerdings verboten, zumindest die auf vier Pfoten.

Auf dem Weg zurück in die Innenstadt ist es ein Muss, die Weißenhofsiedlung zu besuchen. Eines der bedeutendsten Zeugnisse des Neuen Bauens, entstanden 1927 unter der Leitung des berühmten Architekten Ludwig Mies van der Rohe. Nur zwei Haltestellen vom Charlottenplatz im Zentrum entfernt, an der Haltestelle Bopser, beginnt der Weißenburgpark. Sehenswert darin das Teehaus, Gastronomie inklusive, und der Marmorsaal, ein prächtiges Ensemble für Veranstaltungen und gerne auch für Hochzeiten genutzt.

Wer nicht nur den Magen, sondern auch die Augen sattkriegen möchte, sollte die Stuttgarter Markthalle besuchen. Der im Jugendstil errichtete Bau wurde zwar im Zweiten Weltkrieg zerbombt, doch gelang der Wiederaufbau, und heute steht er unter Denkmalschutz.

Auf dem Weg zur Kulturmeile liegt in der Fußgängerzone Königstraße das Kunstmuseum, stuttgarterisch „der Kubus" genannt. Es beherbergt die größte

◣ Die Urform des Alten Schlosses war eine Burg aus dem 10. Jahrhundert, die das Gestüt Stutengarten schützte. Daher auch der Name Stuttgart. Bis ins 18. Jahrhundert umgab ein Wassergraben das Alte Schloss. Heute sind darin das Landesmuseum Württemberg und das Kindermuseum „Junges Schloss" untergebracht.

▾ Ein Spaziergang durch die Stuttgarter Markthalle kommt einem Farben- und Formenrausch gleich. Produkte und Düfte von Orient bis Okzident. Im ersten Stock, auf der umlaufenden Galerie, der Blick aufs Ganze. Vielleicht mit einem perlenden Getränk.

Otto-Dix-Sammlung (die weltweit bedeutendste Sammlung seiner Papierarbeiten besitzt die Galerie Albstadt). Ein klarer Bau, in dessen Glasfront sich tagsüber Stuttgart spiegelt; nachts strahlt sein Innenleben mit dem typischen Travertinstein. Und aus dem Café im Obergeschoss zeigt sich Stuttgart von seiner schönen Seite.

Zwischen Landtag und Oper geht's unter der vierspurigen B 14 hindurch rüber zur Kulturmeile. Zur Alten und Neuen Staatsgalerie, in der Lothar Späth mit Joseph Beuys auf dem Fußboden über Kunst debattierte. Die Spanne der gesammelten Werke reicht von Lucas Cranach dem Älteren bis zu Picasso und eben Beuys. Daran schließen sich an das Haus der Geschichte, die Musikhochschule und als Abschluss gen Charlottenplatz die Landesbibliothek und das Wilhelm-Palais, Sitz der Stadtbibliothek.

Die Wilhelma, der zweitgrößte Zoo in Deutschland, ist jeden Tag geöffnet und lässt die Besucher von Frühjahr bis Winter eine abwechslungsreiche Flora und Fauna entdecken. Seine Entstehung geht, wie so vieles in Stuttgart, auf König Wilhelm I. (1781–1861) zurück. Von einem Aquarium über Elefanten bis zum Tropenhaus – das Angebot ist so vielfältig, dass es mit einem Besuch nie getan ist.

▲ Der Bauingenieur Fritz Leonhardt wollte nicht nur bauen, sondern auch Schönheit schaffen. Der Stuttgarter Fernsehturm, sein Werk, war der weltweit erste seiner Art und wurde 1956 eingeweiht. Er liegt, besonders reizvoll, im Laubwald zwischen Degerloch und Sillenbuch und lässt den Blick bis zur Schwäbischen Alb schweifen.

◀ Das wissen selbst manche Stuttgarter nicht, dass sie einen Hafen haben. Dabei arbeiten hier fast 3000 Menschen. Es gibt richtig informative Hafenrundfahrten. Die Anlegestelle befindet sich gegenüber dem Eingang zur Wilhelma. Und spannend wird es nicht nur für Kinder, wenn's auf der rund zweistündigen Fahrt auf dem Neckar auch durch eine Schleuse geht.

Wer mehr als einen Tag in Stuttgart weilt, sollte versuchen, eine Karte für die Oper – sechs Mal zum „Opernhaus des Jahres" gekürt – zu bekommen, fürs weltberühmte Stuttgarter Ballett oder fürs Schauspielhaus. Denn neben all den Auszeichnungen ist das Staatstheater Stuttgart das größte Drei-Sparten-Theater der Welt! Der Max-Littmann-Bau vermittelt einen Eindruck, wie architektonisch ansprechend Stuttgart war, ehe der Zweite Weltkrieg die Stadt schlimm verwundet zurückließ.

Zwei Bahnen, genauer gesagt die Zahnradbahn „Zacke" ab dem Marienplatz und eine Standseilbahn, vom Südheimer Platz (Heslach), führen in die Höh'. „Erbschleicherexpress" heißt Letztere, da sie ohne Halt direkt zum Waldfriedhof fährt. Der liegt idyllisch, der Lärm der Stadt scheint weit weg. Der ehemalige Bun-

„Die Liebe höret nimmer auf": Diesen auf ewig geltenden Satz hat König Wilhelm I. seiner früh verstorbenen Frau Katharina Pawlowna (1788–1819), einer russischen Großfürstin, gewidmet. Samt einer Grablege, die ihresgleichen sucht. Ein klassizistischer Kuppelbau, ein wenig Pantheon aus Rom, aus schwäbischem Stein. Eine Pilgerstätte für Verliebte und ein beliebter Sonntagsausflug. Schließlich befand sich hier einst der Stammsitz der Württemberger.

despräsident Theodor Heuss und seine Frau Elly sind hier beerdigt, Robert Bosch, Paul Bonatz, der Architekt des jetzigen Bahnhofs, und Fritz Leonhardt, der Miterbauer des ersten Fernsehturms der Welt in Stuttgart-Degerloch.

Um direkt zur schlanken Nadel zu kommen, nimmt man am besten die besagte Zacke, die in Degerloch endet. Bis zum Fernsehturm ist's nur noch ein kurzer Spaziergang, dann geht's hoch mit dem Aufzug auf die Aussichtsplattform, wo man 360 Grad um den Turm herum schlendern kann. Das Panorama ist grandios – bei guter Sicht schweift der Blick bis zur Schwäbischen Alb. Von hier oben scheint die Landeshauptstadt regelrecht in allen Variationen von Grün zu verschwinden, und auch der Fernsehturm selbst liegt mitten im Wald. Nächster Stadtteil ist Sillenbuch, dessen Waldgebiet, der Eichenhain, Naturschutzgebiet und als Naherholung samt Jogging-Parcours hoch geschätzt ist. Über zweihundert Eichen stehen darin, manche schon vierhundert Jahre alt und mit einem stattlichen Umfang von sechs Metern.

Zurück in die Innenstadt geht's zum Beispiel ab Ruhbank, nahe Eichenhain, mit der Stadtbahn U 15. Im Sommer sollte man am Eugensplatz aussteigen, sich ein Eis gönnen und dort, unter Kastanienbäumen, den wunderschönen Ausblick auf Stuttgart genießen.

Übrigens, Stuttgart kann gastronomisch viel mehr als nur schwäbisch. Ob asiatisch, arabisch, afrikanisch oder europäisch, auch Sterne-Lokale sind darunter, alles ist möglich. Und wer danach fürchtet, zu viel Hüftgold angelegt zu haben, der kann ja auf einer der über vierhundert Stäffele, also Treppenanlagen, die Kalorien wieder abtrainieren.

◤ Max Littmann hat das Große Haus, die Stuttgarter Oper, gebaut. Der Münchner ist übrigens auch der Architekt des dortigen Hofbräuhauses. Erstaunlicherweise hat dieser stattliche Säulenbau den Zweiten Weltkrieg unbeschadet überlebt. Das Innere wurde in den 1980er-Jahren unter Beteiligung der Stuttgarter Bürgerschaft nach den Originalplänen Littmanns restauriert.

▲ Seit 2005 hat Stuttgart das Kunstmuseum, ein Entwurf der Berliner Architekten Rainer Hascher und Sebastian Jehle. Ein Schmuckstück für die Stadt: Tagsüber spiegelt sich in den Fassaden die Umgebung samt Himmel, nachts leuchtet der Glasbau und weist auf sein Inneres. Ausgekleidet ist es mit Travertin, einem Stein, der oft an alten Stuttgartern Häusern verwendet wurde. Eine geglückte Anmutung von Neu und Alt.

◄ Wie viele Titel hat der Sterling-Bau schon erhalten! Trefflich sicher der: ein Paradebeispiel der Postmoderne. Die Sammlung der Alten und der Neuen Staatsgalerie glänzt mit Kunst aus sieben Jahrhunderten, von Lucas Cranach dem Älteren bis Picasso und Beuys. Und am Eingang empfängt dieses Meisterwerk des britischen Architekten James Sterling seine Besucher mit Henry Moores Figur „Die Liegende".

Esslingen am Neckar

Modernes Leben in alten Kulissen

Bis heute weiß niemand genau, warum die Alliierten Esslingen nicht zerbombt haben. Offensichtlich war es ihnen entgangen, dass auch in Esslingen ansässige Firmen zur Waffenindustrie gehörten. Welch ein Glück, denn die Nachbarin Stuttgart zeigt bis heute Kriegswunden, die nicht mehr heilen.

Zwischen dem Stuttgarter Winzerdorf Obertürkheim und dem Esslinger Stadtteil Mettingen gehen die beiden Städte heute nahtlos ineinander über.

Schon in der Jungsteinzeit, 1000 Jahre vor Christus, siedelten hier Menschen. Allein die Stadtgeschichte Esslingens wäre mehr als ein Buch füllend. Die zahlreichen Kämpfe und Kriege, die Gründung des Schwäbischen Bundes, die Reformation, der Verlust der Unabhängigkeit noch vor dem Reichsdeputationshauptschluss 1803, seitdem württembergisches Gebiet – das sind nur einige wichtige Stationen im Stadtgeschichtsbuch.

Esslingen liegt an der Deutschen Fachwerkstraße, hat die älteste Fachwerkzeile der ganzen Republik, eine bezaubernde Altstadt inklusive, sogar drei Rathäuser und die Burg am Berg. Dahin geht's dreihundert Stufen hinauf – und dann der überwältigende Ausblick über die Stadt und das Neckartal. Eine Empfehlung: Esslingen am besten in sportiven Schuhen besuchen, damit man nicht des Pflasters wegen hängen bleibt. Es gibt nämlich wesentlich bessere Gründe dafür.

Wie zum Beispiel in der ältesten Sektkellerei Deutschlands zu starten. Mit einem Glas in den mittelalterlichen Kellergewölben. Georg Christian von Kessler war es nämlich, dem es als erstem Deutschen im Jahr 1826 gelang, nach der traditionellen Méthode champagnoise einen dem Champagner ähnlichen Schaumwein herzustellen. Denn das französische Luxusgetränk war unerschwinglich teuer für die meisten. Spätestens seit Adenauer es zum Kanzler-Sekt gemacht hatte, war es wahrhaft in aller Munde.

Daneben steht, in den rot-grünen Stadtfarben, das Alte Rathaus. Fünf Mal täglich ertönt von hier das Glockenspiel. Noch ein Stock höher die astronomische Turmuhr, die seit 1589 auf die Stadt herunterschaut.

Nach dem Zweiten Weltkrieg plädierten manche für den Abriss des mittelalterlichen Stadtkerns. Es war nämlich eher eine Strafe dort zu wohnen. Denn

So kommt man hin
Mit der Bahn:
Mit öffentlichen Verkehrsmitteln ist die Stadt leicht zu erreichen. Vom Stuttgarter Hauptbahnhof fahren regelmäßig S-Bahnen. Von Ulm kommt man mit dem Regional-Express nach Esslingen.

Mit dem Auto:
Esslingen liegt direkt an der B 10 und ist deshalb von Stuttgart aus leicht zu erreichen. Von Ulm auf der A 8 (München – Stuttgart) bis Plochingen und danach auf der B 10 weiter bis Esslingen Zentrum.

◀ Die etwas andere Ansicht: Blick vom Stadtkirchenturm auf Rossneckar und Maille.

es gab kaum sanitäre Einrichtungen, alles war ziemlich verwahrlost, und Funktionalität hatte in den 1950er-Jahren Vorrang. Notwendig war ein zügiger Wohnungsbau, wie er deutlich sichtbar in der eher bescheidenen Pliensau erkennbar wird. Denn fast über Nacht verdoppelte sich Esslingens Einwohnerzahl durch den Zuzug von Flüchtlingen und Vertriebenen.

Bauhistorisch uninteressant fand der Rat der Stadt die alten Häuser. Bis der Bauforscher Burghard Lohrum kam. An der Struktur des Fachwerks erkannte er, welche Schätze diese aus dem 14. Jahrhundert stammenden Häuser darstellten. Durch Restaurierungsarbeiten wurde dann allen klar, dass Lohrum recht hatte. Heute ist die Esslinger Altstadt eine begehrte Wohnlage.

Niemand kann St. Dionys übersehen, die Stadtkirche mit den zwei Türmen, die brückengleich miteinander verbunden sind. Man hat der Statik nicht ganz getraut. Im Inneren fallen besonders der großzügige Chor mit seinen Glasfenstern aus dem 13. Jahrhundert auf.

Vom Marktplatz aus blickt man auch auf einen der neun Pfleghöfe, den Salemer. Er gehörte wie alle Pfleghöfe zu einem Kloster. Später diente er sozusagen als Außenhandelshof, oft als Weinlager. Seit 1999 ist im Salemer Pfleghof das J. F. Schreiber-Museum untergebracht, das in Bildern und Texten die Geschichte des renommierten Schreiber-Verlages erzählt. Gezeigt wird Leben und Wirken des Waisen Jakob Ferdinand Schreiber, der mittels Lithografien unzählige bunte Kinderbücher, Papiertheater, Bilder- und Bastelbögen herstellte. Es war eine Er-

▸ Der Hafenmarkt 2 bis 10 ist die älteste Fachwerkzeile in Deutschland. Museal und gleichzeitig lebendig. Zu dieser Wirkung tragen die zahlreichen Straßencafés und flanierende Menschen bei, die, wen wundert's, sich von dieser Schönheit angezogen fühlen.

▴ Der eingebaute Regenschirm: Mit zahlreichen Schindeln aus dem Mittelalter bedacht sind die Schenkelmauern der Burg. Die Burgstaffeln sind begehbar: ein Erlebnis für sich.

folgsgeschichte, die bis weit ins letzte Jahrhundert hineinreichte. Und weil das Schauen in die Finger geht, ist im Museum sogar ein Bastelraum eingerichtet, in dem nicht nur Kinder ihre Bilderfantasien zurechtschneiden können.

Und dann hinunter zum Hafenmarkt, der nichts mit Schiffen oder Kähnen zu tun hat, sondern mit schwäbischen „Häfele", also Töpferwaren, die früher dort verkauft wurden. Und da ist sie, die älteste Fachwerkzeile Deutschlands.

Ein weiteres Kleinod ist das Merkel'sche Schwimmbad; es hat mit der Kanzlerin allerdings nichts zu tun. Bis in die 1950er-Jahre das einzige öffentliche Volksbad, wurde es dann aufwändig restauriert und präsentiert sich nunmehr als eines

Die Esslinger Altstadt mit ihren zahlreichen mittelalterlichen Kirchen liegt am Fuße des Schurwaldes, in den die Vororte hineingewachsen sind. Vorne ist der Neckarkanal sichtbar, der bis Plochingen schiffbar ist. Von diesem zweigt der Rossneckar ab, der mitten durch die Stadt fließt.

der seltenen Jugendstilbäder Deutschlands. Auch die orientalische Variante des Wohlfühlbads, der Hamam, wird angeboten. Sogar sonntags sind die tunesischen Masseure buchbar, für einen kleinen Ausflug aus dem Alltag.

Neben Wein hat auch das Wasser Esslingen reich gemacht. In den kanalisierten Neckararmen trieb das Wasser die Maschinen an, die Industrie wie Handwerk erblühen ließen.

Vom Wasser aus zeigt sich die Innere Brücke am besten. Sie war über Jahrhunderte hinweg die einzige Möglichkeit, trockenen Fußes über den Neckar zu

Wein und Wasser haben Esslingen wohlhabend gemacht. Bis heute verleihen die bis ins Zentrum reichenden Weinlagen an der Burg der Stadt einen ländlichen Charakter.

Das LIMA

Eines der kleinsten Theater weit und breit ist Andreas Weiners Literarisches Marionettentheater, kurz LIMA. Ein Figurentheater für Erwachsene. Große Stoffe aus der Welt der Oper und Literatur auf kleinstem Raum. Wirklich klein, denn es fasst nur knapp 30 Zuschauer. Mehr gibt die Hauskapelle des ehemaligen Handwerkerzunfthauses nicht her. Wer nun denkt: ach ja, Marionetten, wird mehr als nur überrascht sein, wie intensiv die Figuren auf dieser Bühne wirken. Das LIMA-Theater befindet sich in der Landolinsgasse 1 in Esslingen.

kommen. Und die Stadt ließ sich diesen Service mit stattlichem Pflaster- und Brückengeld bezahlen. Schon immer gab es hier Läden für die Reisenden. Hartnäckig halten sich noch ein paar der alteingesessenen Geschäfte mit ihrem selten gewordenen Charme des Individuellen.

Am Postmichelbrunnen endet die Innere Brücke. Ums Eck hat die Schauspielkunst einen Betontempel – das Württembergische Landestheater. Optisch eine Architektursünde der 1980er-Jahre, wirkt es innen überraschend lebendig und bildet oft genug ein Sprungbrett für junge Schauspieler.

Die äußere Pliensaubrücke war jahrhundertelang zwischen Ulm und Speyer – man stelle sich diese Distanz einmal mal vor! – eine der wenigen Möglichkeiten, den Neckar zu überqueren. Heute führt sie die Menschen nach Hause in die Pliensauvorstadt oder ins Kulturzentrum Dieselstraße. Im Letzteren genießt man Jazz und Kleinkunst auf hohem Niveau, weit über die Landesgrenzen hinaus bekannt. Nächtliche Vergnügungen zuhauf bietet auch das ehemalige Fabrikgelände der Messerfirma Dick mit Kinos, Bars und Restaurants.

Übrigens, nach dem samstäglichen Wochenmarkt gehen manche Besucher noch gern auf ein Schlückchen Sekt zu Kesslers. Vor hundert Jahren gab es den noch auf Krankenschein. Für Kreislaufgeplagte. Da könnte man heute glatt neidisch darauf werden.

Der Konstanzer Pfleghof gehörte einst zum Domkapitel Konstanz. Das jetzige Gebäude in der Webergasse 3 stammt allerdings nicht mehr aus dem 14. Jahrhundert, sondern wurde 1770 neu errichtet.

Tübingen
Die kleine, große Stadt

Fahr mal hin

Wenn die Seele einer Stadt ihr Geist ist, wer hält ihn, damit er bleibt? Für die jüngste Stadt in Baden-Württemberg, bezogen auf das Alter ihrer Einwohner, ist dies eine der Herausforderungen des 21. Jahrhunderts. Denn die Universitätsstadt am Rande des Schönbuchs hat sich viel vorgenommen. Und viel geleistet. Sie liegt inmitten zweier Täler: dem Ammertal und dem Neckartal. Den besten Blick auf die Stadt haben Besucher wie Einwohner vom Schloss Hohentübingen aus. Bei jedem Wetter lohnt sich der Besuch des dortigen Museums mit seinen Schätzen der Menschheit. Es ist eine Mischung aus nah und fern: Bemalte Keramik von der keltischen Heuneburg findet sich ebenso wie eine beachtliche Abguss-Sammlung mit den knackigsten Männerpopos der Antike.

Das Einwohnerverzeichnis Tübingens liest sich wie ein Who's who durch die Jahrhunderte. Wer war beziehungsweise ist nicht alles hier! Ihre Spuren hinterlassen haben bis heute unter anderem der Astronom Johannes Kepler, der Dichter Friedrich Hölderlin, der Philosoph Georg Friedrich Wilhelm Hegel, der Reformator Philipp Melanchthon, der Theologe Hans Küng, der Rhetorik-Professor Walter Jens und die Biologin und Nobelpreisträgerin Christiane Nüsslein-Volhardt, um nur ein paar herausragende Persönlichkeiten zu nennen.

Die erste Männer-WG, die „Tübinger Drei", das waren im Stift die Herren Friedrich Wilhelm Josef Schelling, Friedrich Hölderlin und Georg Friedrich Wilhelm Hegel. 1534, nach der Reformation, war aus dem Augustinerkloster das herzogliche Stipendium hervorgegangen, kurz: das Stift. Auch das so ein Ort in Tübingen, der europäische Geistesgeschichte geschrieben hat.

Über vierhundert Jahre waren dort Männer unter sich. Seit 1969 dürfen dort auch Frauen Theologie studieren.

So kommt man hin
Mit der Bahn:
Mit öffentlichen Verkehrsmitteln ist die Stadt gut zu erreichen. Vom Stuttgarter Hauptbahnhof fahren regelmäßig Regionalzüge über Plochingen nach Tübingen.

Mit dem Auto:
Von der A 8 (München–Stuttgart) über die B 27, von der A 81 (Singen–Heilbronn) über die B 28 nach Tübingen.

Schloss Hohentübingen, im 12. Jahrhundert erbaut und im 16. Jahrhundert erweitert, ist eine Mischung aus Burg und Schloss. Es liegt mitten in der Stadt und thront doch über ihr.

◀ Die Universitätsstadt Tübingen mit Schloss, Altstadt und Österberg.

Tübingen, das heißt Stocherkahn fahren, vorbei an der Insel mit der Platanen-allee, am Hölderlinturm, unter der Eberhardbrücke durch, die inzwischen Ne-ckarbrücke heißt. Tübingen, das heißt diskutieren, zum Beispiel in öffentlichen Foren wie in der Tageszeitung *Tübinger Tagblatt*, die sich damit rühmt, dass kein Blatt in der ganzen Republik mehr Leserbriefe veröffentlicht als sie.

Tübingen, das heißt für die Einheimischen auch in schiefen Häusern wohnen, de-nen jeder rechte Winkel fremd ist. Oder in der Südstadt zuhause sein, einem neuen Stadtteil, entstanden nach dem Abzug der Franzosen, ein Viertel speziell für Familien um- und ausgebaut. Kurze Wege, gute Kontakte mit Nachbarn: Die Neckarstadt versucht, ökologisch korrekt zu bauen und zu leben. Konzept wie Ar-chitektur erhielten dafür Lob und Preise. Nun sind weitere Projekte dabei, wie etwa der Alexanderplatz und die alte Weberei, ebenfalls zu solchen Vorzeige-projekten zu werden.

Beliebtestes Fotomotiv ist die Neckarfront, dicht gefolgt vom Marktplatz mit sei-nem Neptunbrunnen und der astronomischen Uhr am Rathaus, die, aus dem Jahre 1511 stammend, bis heute richtig tickt.

Nicht nur zum Fotografieren schön ist die Burse, die, kurz nach der Universität erbaut, im Laufe der Jahrhunderte abwechselnd als Studentenwohnheim, zu Lehrzwecken, als Klinikum genutzt wurde und seit 1972 das Kunsthistorische Institut sowie das Philosophische Seminar beherbergt.

Sehenswert sind ferner die evangelische Stiftskirche, deren Altar mit Darstel-lungen der Passion Christi ein Werk des Dürer-Schülers Hans Schäufelein ist; der Fruchtkasten, um 1474 erbaut und damit eines der ältesten Häuser Tübingens

▸ Dieser Blick auf die Neckarfront mit Hölder-linturm ist der Klassiker Tübingens. Das Motiv wurde millionenfach fotografiert, ist aber im-mer wieder reizvoll.

▴ Nach dem römischen Meeresgott Neptun sind in Deutschland viele Brunnen benannt. Den Tübinger Neptunbrunnen, der dem Markt-platz einen besonderen Akzent verleiht, entwarf Heinrich Schickhardt im frühen 17. Jahrhundert.

▾ Aus dem ehemaligen Franzosenviertel ist in der Südstadt ein neues Wohngebiet entstan-den, gern auch Quartier der kurzen Wege genannt. Nachdem die Alliierten in den 1990er-Jahren abzogen, begann der Umbau zu fami-lienfreundlichen Wohnungen.

mit alemannischem Fachwerk; das Kornhaus, das heute nicht nur das Stadtmuseum beherbergt, sondern jedem via Modell die ganze Altstadt en miniature
präsentiert.

Vorbildlich renoviert präsentiert sich das Nonnenhaus, dessen Garten der Ursprung des späteren Botanischen Gartens bildet. Bezeichnenderweise lebte
hier im 16. Jahrhundert der Gelehrte Leonhart Fuchs, Namensgeber der Fuchsie.
Die Kunsthalle ist eines der jüngsten Gebäude, das zu Weltruhm kam. Ihrem ersten Direktor Götz Adriani ist es zu verdanken, dass die Besucherzahlen förmlich
explodierten, denn mit der großen Cezanne-Schau 1993 kamen nicht Tausende,
sondern Hunderttausende, was den Tübinger Kabarettisten Uli Keuler zu einem
Leserbrief im Tagblatt hinriss, in dem es sinngemäß hieß: „Jetzt laufet se älle mit
ra Cezanne-Gugg rum. Dass mir Provinzdackel so eb-
bes no erläbe dürfet."

In Tübingen wurde 1869 die DNA entdeckt, 1948 Sei-
fenblasen als Kinderspiel erfunden, und bislang
wurde neun Mal ein Nobelpreis an Tübinger Wissen-
schaftler verliehen. Die Stadt ist der geografische Mittelpunkt Baden-Württembergs. Diesen Punkt mar-
kiert im Wald Elysium in der Nähe des Botanischen
Gartens ein drei Tonnen schwerer Kegelstein.

Und das Tübingen des 21. Jahrhunderts? Seit 2010, zum
Beispiel, ist es Fair-Trade-Stadt, in der immer mehr
Produkte aus fairem Handel aus den Entwicklungs-
ländern stammen. In Tübingen wurde der CO_2-Fänger
erfunden. Jeder Tübinger und jeder, der im Internet
diese Seite aufruft, kann seine derzeitige CO_2-Bilanz
ermitteln und selbst dafür sorgen, den Verbrauch zu
senken. Dazu gibt es eine kleine Gruppe dieser CO_2-
Fänger, die im Alltag versuchen, das Bewusstsein zu
schärfen. Und weil der Mensch am leichtesten durch
Strafe oder Belohnung lernt, nehmen vor allem die
Schulen eine Vorreiterrolle in dieser Bewegung ein.
Wer Heiz- und Stromkosten senkt, weniger Müll produziert und diesen gut sortiert, bekommt für diese
Achtsamkeit 12 000 Euro; davon erhalten die Schulen
50 Prozent, wenn alles korrekt ist.

Die Tübinger Stiftskirche geht auf den Universi-
tätsgründer Graf Eberhard im Barte zurück und
wurde zwischen 1470 und 1483 erbaut. Wenn
sie nicht gerade renoviert wird, ist der Blick
vom Turm ein Muss. Es gibt viele thematische
Führungen für Kinder wie Erwachsene.

Tübingen hat seine berühmten Stocherkähne bislang aus Österreich importiert. „Das können wir besser", meint der gelernte Zimmermann und Schreiner Rudi Raidt und baut nun selbst Stocherkähne unweit des Neckars. Aber Achtung! Manchmal fliegen Stocherstangen über seine Wiese, unhandliche Dinger, die bis zu sieben Kilo wiegen. Obendrein sind hier gebaute Kähne auch ein Beitrag für eine bessere Ökobilanz.

Tübinger Forscher wollen endlich wissen, wie die zunehmenden Volkskrankheiten Alzheimer und Parkinson zu heilen sind, und folgen neuen Forschungsansätzen. Und von Erfolgen und Rückschlägen lebt die Wissenschaft seit Gründung der Universität im Jahr 1477.

Obwohl überall durch den viel zitierten demografischen Wandel die Einwohnerzahlen rückläufig sind, hat Tübingen sich vorgenommen zu wachsen – und zwar um 10 000 Menschen. Ein ehrgeiziges Vorhaben, hinter dem auch, wie bei vielem anderen, das Motto des Stadtgründers Eberhardt im Barte vorscheint: „Attempto", das heißt „ich wag's".

Das Kornhaus, dessen Anfänge auf das 15. Jahrhundert zurückgehen, liegt am Ammerkanal. Jeder spätere Nutzer baute sich das Haus nach seinen Bedürfnissen aus und um. Heute hat das Stadtmuseum darin unter anderem seine Heimat gefunden.

Der Schokoladenmarkt

Was tun, wenn keine kulinarische Spezialität mit einer Stadt verbunden ist? Diese Frage beschäftigte auch die Tübinger. Wie viele anderen, nahmen auch sie die Erfindung der Schwarzwälder Kirschtorte für sich in Anspruch. Doch dieser Streit ist müßig; also musste was Neues her. Was lag da eigentlich näher, als in der Vorweihnachtszeit an Schokolade zu denken? Und trotzdem, man muss erst mal draufkommen, einen ganzen Markt tagelang unter dieses Thema zu stellen. Das ganze Festival heißt chocolART. Premiere war im Jahr 2006, und inzwischen wurde die Veranstaltung mit dem Preis „Genießerland Baden-Württemberg" ausgezeichnet. Wie vielfältig Schokolade ist, das zeigt sich im wachsenden Angebot, weltweit ist das Begehr nach den daraus gewonnenen Produkten. Längst ist aus dem schlichten Täfelchen Schokolade ein blühender und äußerst vielfältiger Wirtschaftszweig geworden. Schwer im Kommen ist dabei die dunkle Schokolade. Und den Variationen sind keine Grenzen gesetzt: Schokonudeln, Schokobier, Schoko salzig, mit kandierten Früchten oder Ingwer, mit Nüssen (kennt ja jeder), Schokowerkstatt für Kinder, Praline, Trüffel oder, der Jahreszeit manchmal angemessen, einfach eine heiße Schokolade

▲ Die Neue Aula der 1477 gegründeten Universität ist ein dreigeschossiger klassizistischer Bau mit drei Flügeln, der vorne wie hinten einen Eingang hat. Heute ist darin unter anderem die Juristische Fakultät untergebracht.

▶ Die Burse liegt etwas erhöht über dem Neckar und stammt ebenfalls aus der Zeit der Universitätsgründung. Hier lehrte auch der badische Reformator Philipp Melanchthon.

Ludwigsburg

Musensitz und Medienstadt

Fahr mal hin

„Langweilige Städte gibt es schon genug", dieser Satz wird dem Stadtgründer Herzog Eberhard Ludwig nachgesagt. Mit Folgen, die bis heute sichtbar sind. Wo waren, nach seinem Verständnis, nicht nur Schönheit, Grazie und Anmut zuhause? Ganz klar – in Italien. Folgerichtig ließ er italienische Baumeister her kutschieren, vor über dreihundert Jahren, also lange ehe die Menschen kamen, die man in den 60er-Jahren des letzten Jahrhunderts etwas hilflos Gastarbeiter nannte.

Aus dem Nichts, am Reißbrett entworfen, entstand ab 1703 das Ludwigsburger Schloss. Das machte Herzog Eberhard Ludwig zum Zentrum seiner Residenzstadt Ludwigsburg. 452 Räume, 18 Gebäude drumherum, drei Höfe – heute ist es das größte erhaltene Barockschloss Deutschlands. Standesgemäß kostümiert erzählen eine Mätresse und ein Kammerdiener den Touristen vom aufregenden Leben im Residenzschloss. Anekdotenreich und kein abgespultes Programm, sondern jeden Tag aufs Neue witzig dargeboten.

Und dann das Blühende Barock, ein gewinn- und Menschen bringendes Markenzeichen. Eine Blumenolympiade, die aus der ältesten Gartenschau Deutschlands in den 1950er-Jahren entstanden ist. Dann kam dem Vater des Blühenden Barock 1959 noch die Idee, in den Park einen Märchengarten zu zaubern. Fortan war der für Kinder eher langweilige Sonntagsspaziergang eine spannende Sache. Schokotaler spuckende Esel mit eingeschlossen.

Es ist zwar das größte Schloss, aber nicht das einzige in Ludwigsburg. Der baubegeisterte Herzog hat außerdem das Jagd- und Lustschloss Favorite in Auftrag gegeben. Die Fassade ist barock, das Innenleben stammt aus der Empirezeit. Heute ist dieses Anwesen durch das SWR-Nachtcafé bundesweit bekannt.

Und das Seeschloss Monrepos hat zwar ein anderer bauen lassen, Herzog Carl Eugen (1728–1753), doch darin hat kein bürgerlicher, sondern ein Aristokrat, Herzog Carl von Württemberg, eine Dependence. Er würde, gäbe es wieder eine Monarchie, der nächste König Württembergs. Monrepos, so sah damals eine standesgemäße Zweitwohnung aus. In ihr haben sich die absolutistischen

So kommt man hin
Mit der Bahn:
Von Stuttgart S-Bahnlinien S 4 und S 5. In Ludwigsburg halten außerdem Züge aus Stuttgart–Würzburg, Stuttgart–Karlsruhe und Stuttgart–Heilbronn.

Mit dem Auto:
A 81 von München kommend, Ausfahrt Ludwigsburg-Süd. Von Würzburg–Heilbronn kommend, Ausfahrt Ludwigsburg-Nord. Von Stuttgart und Heilbronn aus ist auch die B 27 zu empfehlen.

◂ Insgesamt sind am Ludwigsburger Schloss innen wie außen drei Stilepochen erkennbar: Barock, Rokoko und Klassizismus.

Weihnachtsmarkt

Spieglein, Spieglein an der Wand, wo ist der schönste im ganzen Land? Schwere Frage, und mit jeder Festlegung hat man's mit allen anderen verdorben. Wie dem auch sei, einen durch und durch barock angelegten Weihnachtsmarkt können nur die Ludwigsburger vorweisen. Ist so was wie die Fortsetzung des Blühenden Barocks im Winter. Auf Schritt und Tritt überlebensgroße Engel. Und natürlich eine klare Form der Stände. Rings um den barocken Marktplatz mit der katholischen und der evangelischen Pfarr- bzw. Stadtkirche wirkt das Ensemble wie eine Filmbühne. Nichts ist dem Zufall überlassen, alles ordnet sich der Symmetrie und Geradlinigkeit unter. Auch die Beleuchtung. Natürlich haben andere andernorts auch ihren Weihnachtsmarkt. Durchaus größer oder bunter oder eben anders. Natürlich gibt es Krippenfiguren und Glühwein und Karussell wie überall. Samt Schnickschnack, den eigentlich niemand braucht und jeden, na ja fast jeden anlacht und auffordert: Nimm mich mit. Und doch schwärmen nicht nur die Einheimischen, es sei der schönste Markt weit und breit.

Herrscher von ihrem Lotterleben im Stammschloss erholt. Auf dem Minisee vor dem Schloss fuhren tatsächlich mal Gondolieri, klar, aus Venedig importiert. Starsolisten, große Orchester und auch ganz junge Künstler, so sieht die Mischung der jährlich stattfindenden Ludwigsburger Schlossfestspiele aus, eines der ältesten und bedeutendsten Festivals im ganzen deutschsprachigen Raum. Mit einem großen Feuerwerksfinale, das auch nicht Kunstbeflissene quer durch alle Altersklassen immer wieder neu fasziniert.

Seit 2004 sind alle Torhäuser der Stadt komplett renoviert. Torhäuser gehörten zum strengen Planungskonzept, sie waren die Ausgänge der Stadt. Nun haben dort Museen und Archive ein neues Zuhause wie zum Beispiel das Asperger Torhaus, in dem die Militärgeschichte aufgearbeitet liegt.

Bundesweit bekannt ist die Zentrale Stelle zur Aufklärung nationalsozialistischer Verbrechen. Das Schorndorfer Torhaus zeigt die Ausstellung des Bundesarchivs „Die Ermittler von Ludwigsburg." Aber auch der Blick in die Zukunft ist möglich wie im Pflugfelder Torhaus, in dem es neben Geschichte der Industrialisierung auch um neue Technologien geht.

Und überall ist diese italienische Handschrift, diese Großzügigkeit sichtbar, so auch auf dem Marktplatz. So gar nicht schwäbisch-pietistisch, sondern südlän-

Es ist in der Tat eine besonders schöne Gartenschau: das blühende Barock. Und immer wieder übertreffen sich die Gartenkünstler in der Schaffung ihrer Kreationen.

▶ Auf dem Ludwigsburger Marktplatz stehen sich zwei Kirchen gegenüber: Die katholische Pfarrkirche (erbaut 1721–27) hat einen Turm, die evangelische Stadtkirche (erbaut 1718–26) zwei.

▼ Auch die Arkaden um den Marktplatz herum verströmen südländisches Flair. Dort findet jeder Besucher auch die Touristinformation.

disch-prunkvoll. Und voller Lebenslust. Unter den Arkaden bummeln, einen Espresso schlürfen und selbstverständlich italienisch essen. Den Markt besuchen – dienstags, donnerstags und samstags. Samstags sogar länger als andernorts, nämlich bis 14 Uhr.

Selbstverständlich ist auch der alljährliche Weihnachtsmarkt im rechten Winkel ganz im Zeichen des Barocks. Symmetrisch angelegte Stände wie die Blumenbeete im Park. Lokalpatrioten behaupten, es sei der schönste in ganz Deutschland.

Der exotischste Markt findet allerdings nur alle zwei Jahre statt: die venezianische Messe. Es gibt sie seit 1993 wieder. „Wieder" deshalb, weil der Stadtgründer, der Italienfan, sich selbst und seinen Untertanen 1768 ein wohl unvergessliches Fest geschenkt hatte. Tagelang Tanz, Theater, Masken und Musik. Und die Stadt Ludwigsburg hat sich dessen wieder erinnert.

Die Garnisonsgeschichte zeigt sich noch in den 25 Gebäuden, die vor allem Backsteinbauten sind. Doch statt Kanonen haben heute Kunst und Kreativität das Sagen.

Ein echter 68er ist der 1. Tanzsportclub Ludwigsburg, inzwischen einer der größten und erfolgreichsten Tanzsportvereine Deutschlands. Im Standard einen Weltmeistertitel nach dem andern nach Hause gebracht. Es gibt Turniere für die Profis und ein breites Angebot für alle, die sich Tanzen als Hobby ausgeguckt haben. Inzwischen ist Ludwigsburg auch in Hollywood ein Begriff. Denn in eben den

▶ Die Filmakademie bildet nicht nur Kameraleute und Cutter aus, sondern auch Regisseure im dokumentarischen wie Spielfilmbereich. Und stellt solche Filme auch selbst her.

▲ Das Kinderfilmhaus hat immer an den Wochenenden geöffnet. Die Studierenden der Ludwigsburger Filmakademie führen Kinder in die Kniffs und Tricks des Filmgenres ein.

alten Kasernen sind auch die Filmakademie und das Film- und Medienzentrum eingezogen. Trickreiche junge Menschen haben mit Spezialeffekten für Roland Emmerichs „Independence Day" den ersten Oscar geholt und damit weltweit für Aufsehen gesorgt. An Effekten basteln sie weiter, an guter Ausbildung im Bereich Medienberufe auch. Auf 100 Ausbildungsplätze jährlich stürzen sich rund zehnmal so viele Bewerber. Alle träumen sie vom großen Kino und können an der Filmhochschule in Ludwigsburg Kamera, Schnitt, Drehbuch und Animation studieren.

Im Kinderfilmhaus, das im Aldinger Torhaus untergebracht ist, lernen schon die Kleinen, knifflige Sequenzen herzustellen. Immer am Wochenende bieten Studierende der Filmhochschule Führungen an und erklären geduldig, wie Trickfilme gemacht werden. Von der Idee bis zum sichtbaren Film. Die Krönung für die Kinder ist, selbst ein kleines Filmchen herzustellen. Die sind nie langweilig. Der Stadtgründer hätte seine Freude dran.

Das Schlösschen Monrepos mit kleinem See ist mit den anderen beiden Ludwigsburger Schlössern über Alleen verbunden. Nicht nur abwechslungsreich für einen Sonntagsausflug.

Schwäbische Alb

Von Mössingen
nach Balingen

Blumen, Biotope, Bäder

Fahr mal hin

Den 12. April 1983 vergisst hier so schnell keiner. Der Tag, an dem in Mössingen der Berg ins Rutschen kam. Am Hirschkopf. Der schwerste Bergrutsch im ganzen Land. Heute ist hier ein Biotop. Bergführer nennen die Schwäbische Alb ein „Paradies auf Zeit": Niemand weiß wann, doch es werden weitere Bergrutsche folgen. Schuld daran ist der Hohenzollerngraben (oder auch Zollerngraben genannt), der immer wieder auch Erdbeben auslöst, die bis nach Stuttgart spürbar sind.

Mössingen, die große Kreisstadt mit 20 000 Einwohnern südlich von Tübingen, hat (immer im Juni) einen der größten Rosenmärkte des Landes. Dann ist die ganze Stadt parfümiert. Die Stadtgärtner haben es sich zum Hobby gemacht, Samenmischungen zu kreieren, die ohne künstliches Bewässern, ohne Dünger und auf kargen Böden gedeihen. So entstand zum Beispiel die Sorte „Mössinger Sommer". Sie blüht auch in Nepal, Australien oder Kanada. Man begegnet ihr auf Wiesen oder an Wegrändern, die an impressionistische Bilder erinnern. Wunderschön. Klatschmohn mit Steppenkerzen und Zierlauch. Mössingen nennt sich inzwischen „Blumenstadt". Wer würde das auf 435 bis 853 Meereshöhe am Dreifürstensteig vermuten? Ein Wanderparadies könnte man sich schon eher vorstellen: Hier kann man tatsächlich über Stunden mal niemand begegnen. Hoch auf den Roßkopf und querfeldein laufen.

Es gab eine Achse Mössingen–Dessau. Eine Bauhaus-Achse, heute leider passé. Doch die Stadt Mössingen hat in das Industriedenkmal Pausa so viel Geld wie noch nie investiert, um die sogenannte Tonnenhalle am Löwensteinplatz zu erhalten. Statt Drucktischen für Stoffe nun ein Domizil, unter anderem für die Stadtbücherei.

Auf dem Farrenberg, 820 Meter hoch, tummeln sich Flugbegeisterte und bieten Rundflüge über die Schwäbische Alb an. Von oben zeigt sich der Albtrauf besonders eindrücklich. Mitsamt der Hohenzollernburg. Auch wenn der Stammsitz des preußischen Königshauses und der Fürsten von Hohenzollern vorwiegend ein Ort zum Repräsentieren ist, stellt er doch das besondere Ausflugsziel in der Region dar – bundesweit ist er ohnehin bekannt.

So kommt man hin
Mit der Bahn:
Von Stuttgart mit dem IRE direkt nach Mössingen. Oder mit Regionalzügen nach Tübingen; dort nach Mössingen umsteigen.

Mit dem Auto:
Von Tübingen oder Balingen die B 27 kommend, nehmen Sie die Ausfahrt Mössingen.

Alljährlich wird am vorletzten Juniwochenende der Rosenmarkt in Mössingen abgehalten. Die Stadt hat über 10 000 Rosenstöcke auf ihrem Areal gepflanzt.

◀ Zwischen Hechingen und Bisingen ragt in 855 Metern Höhe auf einem steilen Bergkegel die Stammburg der Fürsten von Hohenzollern auf.

Die Landschaft um Mössingen wirkt wie ein großer, blühender Garten. Sogar seltene Tierarten haben Streuobstwiesen als ihr Revier entdeckt.

Auf dem Weg nach Balingen liegt Bad Sebastiansweiler. Die Spezialität des Kurbetriebs sind reine Schwefelbäder, empfohlen bei Rheuma und Hauterkrankungen. Wer mag, kann sich im dortigen Café einen Picknickkorb richten lassen, um weiter auf der alten Handelsstraße, der Schweizer Straße, gen Balingen zu ziehen.

Balingen, das war im 19. Jahrhundert eine Schuhhochburg. Bis zu 40 000 Paar stellten die Schuhmacher für die Schweiz her. Auch das ist passé.

Balingen, das waren am Anfang ein Dorf und eine Stadt. Denn Graf Friedrich von Zollern legte neben dem Dorf eine neue Stadt an und mittendrin seine Burg, das Zollerschloss. Darin ist heute das Museum mit einer Sammlung von Waagen und Gewichten untergebracht. Es war ein Pfarrer namens Philipp Matthäus Hahn (1739–1790), der eine Waage erfunden hat, auf der man vier Gewichtsklassen wiegen konnte. Aus seiner Idee ist eine Weltfirma geworden, Bizerba, einer der größten Arbeitgeber der Stadt.

Daran grenzt „Klein-Venedig", das ehemalige Gerberviertel. Hier trifft man sich am Ufer des Mühlkanals, eine der schönsten Ecken der Stadt mit heute über 30 000 Einwohnern. Übrigens, die Stadt gehört zu den sonnenreichsten Orten Deutschlands. Das würde man auf der Alb nicht vermuten.

Dienstagmorgen, 12. April 1983: Regenschwangere Wolken umhüllen die Steilhänge am Rande der Schwäbischen Alb. Plötzlich rumort es leise im Boden, und dann gerät der ganze Hang in Bewegung. Der vom Regen durchweichte Berg – rund 50 Hektar – rutscht und sackt in sich zusammen: Eine Naturkatastrophe unvergleichlichen Ausmaßes nimmt ihren Lauf.

„Mössinger Sommer": Das ist keine meteorologische Bezeichnung, sondern eine Sommerblumen-Saatmischung. Sie zaubert natürliche, farbenfrohe Bilder vom Frühjahr bis zum Frost.

▲ Für das überschaubare Gebiet am Rande der Altstadt von Balingen, am Fuß des Schlosses, hat sich die Bezeichnung „Klein-Venedig" eingebürgert.

▶ Die Pausa in Mössingen, das waren fast hundert Jahre Geschichte des Textildrucks mit Weltrang: Dekorationsstoffe wie Vorhänge bis hin zu Künstlerstoffen, nach Entwürfen von zum Beispiel Willi Baumeister oder HAP Grieshaber.

Reutlingen

Die junge Großstadt

Reutlingen bezeichnet sich selbst als „Tor zur Schwäbischen Alb". Es liegt zwar nur 15 Kilometer von Tübingen entfernt, doch die Städte verhalten sich miteinander – oder sollte man besser sagen: gegeneinander? – wie Hund und Katz, also meist in friedlicher Koexistenz.

Reutlingen zählt seit 1989 mehr als 100 000 Einwohner und ist damit die jüngste der neun Großstädte im Land.

Reutlingen, die Stadt der Millionäre? Das war einmal, denn schon in den 1980er-Jahren hatten Stuttgart und Baden-Baden mehr Millionäre. Doch Klischees halten sich bekanntlich lange.

Reutlingen heute? Immer noch ein Zentrum von Handel und Gewerbe, weltweit anerkannt für seine Ausbildung in Sachen Leder und Textil. Nach wie vor eine Hochburg der Arbeitsplätze. Und immer gut für einen ausführlichen Bummel über die Wilhelmstraße. Ein prima Startpunkt hierfür ist die Marienkirche, ein gotisches Zeugnis und, neben der Achalm, das Wahrzeichen der Stadt. Ein nationales Kulturdenkmal, das nach einem Brand im 18. Jahrhundert in neogotischem Stil restauriert wurde.

Der Feuerteufel war in der ehemaligen Freien Reichsstadt besonders aktiv. Insgesamt sechzehn Mal hat die Stadt gebrannt. Nur ein Stückchen Stadtmauer hat allem getrotzt. Und zwei Stadttore. Die begrenzen die heutige Altstadt – das Tübinger Tor im Süden, der Marktplatz in der Mitte, im Norden das Gartentor.

Ein paar Schritte von der Marienkirche entfernt zeigt sich ein vergleichbar altes Bauwerk aus dem 13. Jahrhundert, das Heimatmuseum. Zunächst ein Steinhaus, wurde das Fachwerk im 16. Jahrhundert noch draufgesetzt. Ein Rundgang führt durch sechs Themenblöcke und die Stadtgeschichte vom Reformator Matthäus Alber bis in die Nachkriegszeit der 1950er-Jahre. Einer der berühmtesten Bürger des 20. Jahr-

◀ Die Wilhelmstraße in Reutlingen, beliebte und belebte Kaufmeile und Fußgängerzone.

So kommt man hin
Mit der Bahn:
Von Stuttgart mit der Regionalbahn nach Reutlingen.

Mit dem Auto:
Von Stuttgart die B 27 Richtung Tübingen, dann die B 464 nach Reutlingen.

Das Tübinger Tor, ein unübersehbares Denkmal, liegt direkt an der Stadtumfahrung. Es wurde zusammen mit der Stadtmauer im Jahr 1235 gebaut.

hunderts war Helmut Andreas Paul, kurz HAP Grieshaber (1909–1981), wohl der bedeutendste deutsche Holzschnitzer im letzten Jahrhundert. Um diesen Kernbestand hat das Spendhaus eine bemerkenswerte Sammlung von Druckgrafiken angelegt.

Bis zu seinem Tod lebte HAP auf dem Reutlinger Hausberg, der Achalm. In einem kleinen, einfachen Holzhäuschen mit Privatzoo; die Tiere waren auch seine Mo-

▶ Das internationale Festival der „Kultur vom Rande" bringt Menschen mit und ohne Behinderung zusammen.

▲ Im Städtischen Kunstmuseum – hier ein Schauraum – bildet das Werk von HAP Grieshaber einen Sammlungsschwerpunkt.

Gmindersdorf

Die Firma Gminder war Ende des 19. Jahrhunderts einer der größten Textilbetriebe Europas. Ihr Chef, Louis Gminder, wollte mit einer Art Gartenstadt in der Nähe zu seiner Firma Arbeitskräfte anlocken. Klingt progressiv, und war es auch. Denn diese zwischen 1903 und 1923 von dem Architekten Theodor Fischer entworfene Siedlung war in all ihren Grundideen ihrer Zeit weit voraus. Statt der damals üblichen Mietskasernen gab es pfiffige zweistöckige Häuser. Die hatten alle Gas- und Wasseranschlüsse und ein WC. Bemerkenswert war auch die Infrastruktur: In der Siedlung gab es unter anderem eine Kinderkrippe, eine Kneipe, eine Fest- und Turnhalle und einen Kaufladen. Sogar ein kleiner Marktplatz ergänzte das Ensemble. Außerdem hatten die Alten ihren festen Platz im Altenhof, einem schicken, mehrgeschossigen Bau, der mit seinem Säulenportal fast protzig wirkt und an ein Schloss erinnert. Die Siedlung ist ein Paradebeispiel von sozialem Wohnungsbau, bei dem der Begriff „sozial" wirklich den Grundgedanken des Wortes bedient und „gemeinsam" meint.

delle. Er war ein streitbarer und auch schrulliger Mensch, der es den Reutlingern nicht leicht gemacht hat, ihn für seine Kunst, seinen politischen Widerspruchsgeist anzuerkennen, wenngleich er auch sehr heimatverbunden war.

Auch Reutlingen hat Superlative, wie zum Beispiel die engste Straße der Welt, die Spreuerhofstraße, die, etwa 6 Meter lang, an ihrer engsten Stelle nur 31 Zentimeter breit ist. Maß nehmen, ehe man sie betritt, ist daher unbedingt zu empfehlen.

Und dann gibt es noch die Reutlinger Mutschel, einen Hefeteig mit einer Erhebung in der Mitte und acht Zacken drum herum. So genau weiß es natürlich keiner mehr, woher diese kulinarische Spezialität kommt. Einleuchtend scheint folgende Erklärung: Die acht Zacken symbolisieren die wichtigsten Zünfte, während der erhabene Teil für den Hausberg, die Achalm steht. Von den Einheimischen Achl genannt, erhebt er sich 707 Meter überm Meer – zum Vergleich: Reutlingen liegt 382 Meter hoch.

Der Zeugenberg (der Hohenzollern ist auch so einer) hat seinen Namen vom gleichnamigen ausgestorbenen Geschlecht. Oder, wer lieber eine Legende mag, darf glauben, dass die letzten Worte des Grafen Egino, „Ach, Allm …" waren, das Wort Allmächtiger habe schon der Tod geschluckt. Von dessen Burg ist so gut wie nichts mehr übrig, dafür aber ein Aussichtsturm mit Blick runter auf Reutlingen, gen Pfullingen und Schwäbische Alb, auf den Schönbuch und – bei gutem Wetter – bis zur Hornisgrinde im Schwarzwald.

▸ Reutlingen und der Hausberg Achalm, ein sogenannter Zeugenberg. So heißen diese spitzen Berge, die ein Kennzeichen der Schwäbischen Alb sind.

▲ Einst war das Haus, in dem heute das Heimatmuseum untergebracht ist, ein Pfleghof und gehörte dem Zisterzienserkloster Königsbronn. Heute zeigt es 700 Jahre Kulturgeschichte.

Die Mutschel ist das Reutlinger Spezialgebäck. Welche Geschichte allerdings tatsächlich dahintersteckt, ist ein Geheimnis, das Heimatforscher zu enträtseln suchen.

Helfensteiner Land

Hinter dem Aichelberg

Fahr mal hin

So kommt man hin
Mit der Bahn:
Über Stuttgart nach Geislingen oder über München, Augsburg nach Geislingen.

Mit dem Auto:
Über die A 8 nach Gruibingen, Wiesensteig.

Es gibt in ganz Deutschland wohl kaum jemanden, der nicht selbst schon im Stau auf der A 8 am Aichelberg gestanden oder davon zumindest im Verkehrsfunk gehört hat. Daher hier die Empfehlung: runter von der Autobahn, rein ins Obere Filstal. Ohne Stau, stattdessen Vitamin-C-Bomben, Mordlöcher und eine Paradiestür.

Nein, nicht geflunkert. Gibt es hier alles. Und sogar einen Elefanten, statt im Porzellanladen allerdings im Grafenwappen. Klingt ein bisschen skurril, für die Einheimischen ist das aber alles ganz normal. Auch die Elefanten: Die sind, besser gesagt, waren die Wappentiere der Helfensteiner Grafen und sollten Weltgewandtheit symbolisieren. Da die Herrschaften aber prunksüchtig waren – und das mitten in Schwaben!–, trieb sie ihr Gebaren schnurstracks in die Pleite. Nur ein Flügel ihres prächtigen Schlosses ist geblieben. Oberhalb der Geislinger Steige.

Knapp neben den ewigen Baustellen seit den 1930er-Jahren, Aichelberg und Drackensteiner Hang, liegt der Filsursprung bei Wiesensteig. Sechzig Kilometer murmelt der Fluss, bis er in den Neckar mündet, und streift dabei Bad Ditzenbach. Das besitzt eines der ältesten Kurbäder der Region. Seit dem 16. Jahrhundert wollen die kohlensäurereichen Mineralquellen nach oben. In der Sankt Vinzenz-Therme sorgen sich die Barmherzigen Schwestern um das Wohl ohne Wehe für Kurgäste. Gehen mit der Zeit. Von Aqua-Walking über Nordic-Walking bis hin zu Aqua-Cyclen, also Unterwasser-Radfahren: Alles ist da, um die Gelenke zu schonen und an Fitness zu gewinnen.

Im dortigen Kräuterhaus St. Bernhard heißt die Maxime auch Gesundheit und Wohlbefinden. Aus Lavendel, Quendel, Kamille und Co. entstehen, getrocknet und extrahiert, die Wirkstoffe für Kapseln, Cremes und Balsamöle.

Die Landschaft am Albtrauf steckt voller Abwechslungen. Seltene Orchideen, Schwalbenschwänze, Wacholderheiden. Manche gehen dafür in die Luft und versuchen, die leichten Winde fürs Drachenfliegen oder Leichtsegeln zu nutzen. In Auendorf bekommt seit etlichen Jahren das Hägenmark Aufwind, und zwar aus der Gesundheitsszene. Mit Hägenmark ist Hagebuttenkonfitüre gemeint,

Für Fußfaule ökologisch dennoch korrekt, kommt das Erkunden von Landschaften oder Städten mit elektrisch betriebenen Segways immer mehr in Mode

◀ Grandiose Landschaftsräume bieten sich bei Wanderungen, wie hier am Albtrauf in der Nähe von Bad Überkingen.

einst die preiswerte Alternative zu teuren Konfitüren, heute erkannt als Vitamin-C-Bombe mit Nebenwirkungen der guten Art: Es soll das Risiko senken, an Rheuma zu erkranken, und Thrombosen sowie der Volkskrankheit Herzinfarkt und Schlaganfall entgegenwirken. Kaum einer macht sich hier allerdings noch die Mühe, die Hagebutten zu pflücken. Das leisten fleißige Hände in Osteuropa. Das Zubereiten des Marks bleibt weiterhin mühsam, langwierig, erfolgt aber im Helfensteiner Land.

Noch 'ne kleine und feine und saure Mineralquelle liegt am Filsweg: Bad Überkingen (siehe hierzu auch „Genießen und Genesen – Bäderkultur auf der Schwäbischen Alb").

Etwas nördlich von Bad Ditzenbach, in Deggingen, steht die im frühen 18. Jahrhundert erbaute Ave-Maria-Kirche, die berühmteste Wallfahrtskirche der Region. Über 1500 Jahre verehren hier schon Menschen heilige Quellen. Nebenan, im gleichnamigen Kloster, haben sich durch bischöfliche Weisung im Jahre 1929 Ka-

Blick zum Oberbergfeld bei Deggingen/
Bad Ditzenbach, vom Schlossberg aus.

puzinermönche niedergelassen. Seit 2010 laden zehn Bild- und Texttafeln zum Sonnengesang des Heiligen Franz von Assisi auf dem Franziskuspfad ein. Eine Stunde Fußweg samt Ruhebänken mit Aussichten. Die Liedstrophen und die Natur stehen dort in einem denkwürdigen Einklang.

Filsabwärts begegnet man Geislingen, der Metropole des Helfensteiner Landes. Der Forellenbrunnen, auf dem das Logo der Helfensteiner sitzt, der Elefant, beweist: Hier waren besagte Grafen, die Namensgeber der Region. In den fünf Tälern um Geislingen begann die Industrialisierung mit kleinen Schmieden und Werkstätten; sie alle nutzten die Wasser-

kraft via Mühlen. Aus einer dieser Mühlen ging ein späterer Weltkonzern hervor: die Württembergische Metallwarenfabrik, besser bekannt als WMF. Produziert werden Töpfe, Besteck und was den Haushalt noch so erleichtert oder auch nur verschönert. In einem Extraraum der WMF steht die Paradiestür, ein Abbild der Pforte zum Baptisterium von Florenz. Das Museum in Stettin wollte genau diese Kopie und sah deutschlandweit nur WMF dazu in der Lage, ein solches Meisterwerk herzustellen. Die konnten das auch, nur Stettin konnte das Werk nicht bezahlen. Deshalb nahmen die Geislinger es wieder mit nach Hause. Später hatte der Erzbischof aus dem kolumbianischen Bogota ein begehrliches Auge auf die Paradiestür geworfen. Sein Angebot war, mit Kaffeebohnen naturalwirtschaftlich zu zahlen. Das lehnte die WMF ab. Und so steht sie eben im Werk. Paradiese, und seien es auch nur Türen, scheinen unbezahlbar.

Im Nachbarort Kuchen hat ein anderer Zweig der Industrialisierung nicht überlebt. Dabei war die Süddeutsche Baumwollindustrie mal richtig top. Ganz zu schweigen von der sozialen Einstellung des Firmenchefs Arnold Straub. Er hatte seinen Arbeitern nicht nur eine Siedlung gebaut – die gibt's heute noch. Er schuf auch für seine Bediensteten eine Bibliothek, ein Badehaus, eine eigene Apotheke und Schule. Beim Hören des zerstörerischen, heutigen Slogans „Geiz ist geil" würde er sich bestimmt im Grabe umdrehen. Ein wenig Wehmut befällt fast jeden Besucher in der Kuchener Arbeitersiedlung eingedenk der sozialen Kompetenz des Industriellen Straub.

Die Ave-Maria-Kirche in Deggingen, das Marienheiligtum im Stil des Spätbarocks, ist seit ältester Zeit ein beliebter Wallfahrtsort. Prunkstück ist im Kircheninneren der Hochaltar mit dem Gnadenbild, geschaffen von den einheimischen Bildhauern Ulrich und Johann Jakob Schweizer.

Der Forellenbrunnen steht in der Geislinger Fußgängerzone, und obenauf ein Elefant. Dieser erinnert mal wieder an die Namensgeber des Landstrichs.

Es war der Schweizer Unternehmer Arnold Straub, der in kurzer Zeit in Kuchen die größte Textilfabrik Württembergs hinstellte. Dazu zählte auch die inzwischen historische Arbeitersiedlung, die von 1858 bis 1887 gebaut wurde. Sie zeugt vom sozialen Engagement des Firmengründers.

Die Wacholderheiden der Schwäbischen Alb sind eine historisch gewachsene Kulturlandschaft. Die Halbtrocken- oder Magerrasen werden seit Jahrhunderten mit Schafen beweidet, die die stacheligen Wacholderbüsche verschmähen.

Mordsgeschichten im Helfensteiner Land. Davon inspiriert schreibt Manfred Bomm Krimis aus der Region. Nicht wundern, wenn ein Mann des Weges kommt, in sein Diktaphon spricht und genüsslich überall Leichen verteilt. Bietet sich an, schließlich gibt es im Eybtal, einem der zitierten fünf Seitentäler Geislingens, ein Mordloch. Ein sagenhafter Name, der auf einen Mord zurückgehen soll: Wilderer hatten einen Förster getötet, dessen Hund fand die Leiche und der Mörder stürzte sich eben dort in die Tiefe. Das heutige Mordloch besteht aus einem 4300 Meter langen Karstsystem und ist damit die zweitlängste Höhle der Schwäbischen Alb. Taucher haben die gesamte Strecke erforscht und einzelnen Abschnitten dieses Labyrinths aus Gängen und Hallen klangvolle und schauderhafte Namen verpasst wie Perlenhalle, Jammertal oder Alligator. Nur die ersten 80 Meter sind begehbar; dann kommt wieder das, was dieser Landstrich in Massen hat: Wasser.

Das Helfensteiner Land ist wesentlich weniger zersiedelt, als es die daneben verlaufende Autobahn vermuten lässt.

Bäderkultur auf der Schwäbischen Alb

Genießen und Genesen

Fahr mal hin

So kommt man hin

Bad Ditzenbach und Bad Überkingen
A 8 Stuttgart–Ulm, Ausfahrt Mühlhausen.

Bad Boll
A 8 Stuttgart–Ulm, Ausfahrt Aichelberg, von hier Richtung Geislingen.

Beuren
A 8 Stuttgart–Ulm, Ausfahrt Kirchheim unter Teck Süd, auf der B 465 Richtung Lenningen, in Owen rechts ab nach Beuren.

Aalen
B 29 Stuttgart–Schwäbisch Gmünd–Aalen. A 7 Richtung Würzburg, Abfahrt Aalen/Oberkochen, dann auf B 19 nach Aalen.

Das Hobby zum Beruf zu machen – eine Traumvorstellung für viele Menschen.
Die Angestellten der Vinzenztherme in Bad Ditzenbach haben oft genug dieses Gefühl. Denn sie dürfen an allen Fitnessangeboten teilnehmen. Und was es da alles gibt! Aquajogging ist so ein Fitmacher. 20 Minuten im Wasser joggen soll einer Stunde Waldlauf entsprechen und dazu wesentlich gelenkschonender sein. Diese Methode hat übrigens der Langstreckenläufer Dieter Baumann in Deutschland bekannt gemacht.

Aus Italien kommen die speziellen Fahrräder, die im mineralhaltigen Wasser nicht rosten. Das Strampeln im Wasser ist richtig anstrengend, weil der Wasserwiderstand stark ist. Und eine halbe Stunde, ein Klacks auf festem Boden, fühlt sich im Wasser wie Stunden an. Hinzu kommt, dass das Nass eine besondere Heilwirkung hat. Es ist reich an Kohlensäure, sprudelt also und regt damit die Durchblutung an. Was ein bisschen stressig klingt, ist schlussendlich trotzdem beruhigend. Das Bad und die daran angeschlossene Klinik gehören den Barmherzigen Schwestern aus Untermarchtal. Ihre besonders positive Ausstrahlung sorgt dafür, dass sogar die sportiven Herausforderungen zur inneren Ruhe führen.

Weiter geht's nach Bad Überkingen. Auch in dessen Untergrund fließt wertvolles Wasser. Der kleine Ort (knapp 4000 Einwohner) im Filstal hat fünf unterschiedliche Quellen. Thermal-, Heil- und Mineralwasser. Schon im Mittelalter glaubte man an die Heilkraft des Sauerwassers; sogar der bayrische Herzog Albrecht V. (1528–1579) kam zur Kur hierher. Damals empfahlen die Ärzte, sich sechs Stunden lang ins Wasser zu setzen. Schade, dass die Fotografie noch nicht erfunden war, wie verschrumpelt mögen die Gäste danach ausgesehen haben?! Heute kommt das 46 °C warme Nass aus 500–600 Metern Tiefe. Seit das Thermalbad 1971 eröffnet hat, ist kaum was verändert worden. Retro im Original, der Charme der Anfangsjahre. Darauf sind die Überkinger stolz.

Dass es auf der Schwäbischen Alb Thermalbäder gibt, ist ein Geschenk der Erdgeschichte. Genauer gesagt: einer Störungszone, von West-Südwest nach Ost-Nordost verlaufend. Deshalb können Wärme und CO_2 hier schneller als anderorts aufsteigen. Störungen, die was Gutes in sich tragen.

◀ Kurpark mit Wandelhalle in Bad Boll: seit 1823 ein Ort der Entspannung.

Was lag näher, als in Aalen die Thermen nach dem Weltkulturerbe zu benennen. Die Limes-Thermen sind in ihrer Anmutung römisch. Das Wasser in den Becken ist zwei Grad unter Körpertemperatur und kommt aus 600 Meter Tiefe. Für Menschen mit Atemwegserkrankungen gibt es obendrein im Schaubergwerk einen Stollen mit staubfreier und sehr reiner Luft.

Das Randecker Maar, ein riesiger Vulkanschlot, zeigt diese bewegte Vergangenheit. Als diese geothermische Anomalie in den 1970er-Jahren bekannt wurde, erkannte Beuren schnell die Chance, die sich da darbot. Die Gemeinde bohrte in die Tiefe, fand heißes Wasser, baute die Panoramatherme, die inzwischen zu den Thermalbädern mit den meisten Besuchern zählt. Dampfbäder, Duschgrotten – eine sieht sogar so aus wie die Nebelhöhle auf der Schwäbischen Alb. Daneben gibt's Wellness aus anderen Kulturen wie das Rasul, ein Peeling mit Heilerde, die so verlockend wie Eiskugeln aus Schoko, Karamell oder Vanille ausschaut. Der Knaller beim Saunieren in Beuren ist der Traumblick in die Natur. Was für ein Panorama! Daher auch der Name der Therme.

Einen Brei, der Wunder wirkt, hat die Reha-Klinik Bad Boll, und zwar den Jura-Fango. Auch ein Geschenk der Erdgeschichte. Denn die Tiere und Pflanzen, die vor 170 Millionen Jahren im Schlick des versandenden Jurameeres verendeten,

Genießen und genesen im Mineralwasser der Limes-Thermen in Aalen. Samt römisch-irischem Dampfbad für all diejenigen, die es nicht so heiß mögen wie in der Sauna. Eingedenk der römischen Vergangenheit gibt es auch noch ein Tepidarium, also einen Wärmeraum, in dem nicht nur Bänke und Liegen, sondern auch Boden und Wände beheizt sind. So entspannten nämlich schon die Römer.

haben im Stein einen hohen Ölgehalt hinterlassen. Aus diesem Schiefer wird via Steinmühle das feine Pulver gewonnen, das, mit Wasser angerührt, allerhand zustande bringt. Diese Wärme zeigt Schmerzen die rote Karte. Dabei hat alles mit Schwefelwasser angefangen. Damals, im 16. Jahrhundert, als Herzog Friedrich I. von Württemberg das Geld ausging und er nach neuen Einnahmequellen suchen ließ, beauftragte er den berühmten Baumeister Heinrich Schickhardt mit dem Bau einer Badeanlage. Im 19. Jahrhundert erhielt das Kurhaus sein heutiges Gesicht. Hinzu kamen ein Park und eine Wandelhalle. Königlich sollte es sein. Das dritte Heilmittel in Bad Boll ist neben Fango und Schwefelwasser das Thermal-Mineralwasser.

▲ Ein Bad im warmen Wasser ist wie ein wenig aus der Zeit fallen: Das fast körperwarme Nass entführt zum Träumen und Entspannen. Impressionen aus der Vinzenz Therme Bad Ditzenbach und den Limes-Thermen Aalen.

▼ Was für ein Ausblick! Bad und Berg in Beuren auf einen Blick. Die Burgruine Hohenneuffen liegt auf 743 Meter überm Meer am Albtrauf.

Aktiv-Ferien auf
der Schwäbischen Alb

Bienen, Büffel,
Biosphären

Ein Kilo Hunde- oder Katzenfutter kostet so viel wie ein Kilo Schweinekotelett,
eine Tonne Getreide weniger als eine Tonne Müll zu entsorgen, ein Quadratmeter Teppichboden ist zehn Mal teurer als ein Quadratmeter Ackerland. Solche
Zahlen waren es auch, warum Landfrauen zwischen Sankt Johann und Zwiefalten ein besonderes Ferienprojekt auf die Beine gestellt haben: die Albhoftour.
Mehr als 20 Höfe stellen sich gegen den Trend, Landwirtschaft als etwas exotisch
Altmodisches zu betrachten.

Familie Freytag betreibt seit den 1950er-Jahren einen Demeter-Bauernhof bei
Münsingen. Einen Hof, auf dem nicht nur Stadtpflanzen übernachten können,
sondern sich auch auf den Rhythmus eines Bauernhofs einlassen können. Das
ist natürlich nichts für Langschläfer, denn um sechs Uhr morgens geht's los. Kühe
melken. Erst danach Frühstück mit all den wunderbar nach Heu und Freiheit
duftenden Milchprodukten. Ein Dorado, nicht nur für Kinder.

Stimmt, die Böden sind karg und steinig. Der Wind frisch. Er pustet die Gedanken durch wie am Meer. Halt anders.

Unweit dieses Hofes liegt das UNESCO-Biosphärenreservat. Intakte Natur und
landwirtschaftliche Nutzung unter einen Hut zu bekommen, das ist der Sinn sol-
cher Gebiete. Obwohl oder gerade weil seit dem 19. Jahrhundert um Münsingen
Truppen stationiert waren, entging dieses Terrain dem Straßenbau, der Flurbe-
reinigung und sonstigem Raubbau. Stattdessen haben Schafe die Kalkmager-
rasen kurz geschoren und gepflegt. Als 1995 die Franzosen und 2005 auch die
Bundeswehr weg waren, haben die Älbler ihre Chance ergriffen und ein
abwechslungsreiches Erholungsgebiet geschaffen.

Damit die Natur weiterhin das Sagen hat und mal tun darf,
was sie will, müssen sich Menschen im Reservat vorgegebenen
Wegen unterordnen. Dafür sind die Eindrücke bleibend, die jeder
aus dem Biosphärengebiet mitnimmt. Außerhalb dessen haben
die Landfrauen Touren organisiert, zwischen 24 und 47 Kilometer lang, die also auch mit Kindern an einem Tag zu schaffen sind. Oder hängt mehrere Tage einfach aneinander.

◀ Die Hochfläche der Schwäbischen Alb
ist relativ bequem zum Radeln.

So kommt man hin
Mit der Bahn:
Über Stuttgart, Nürtingen oder
Tübingen nach Reutlingen.

Mit dem Auto:
Über die B 28 nach Tübingen oder
Metzingen, dann weiter über die
B 313 ins Tal der Großen Lauter oder
über die B 312 nach Zwiefalten.

Wie verbunden sich der Büffelzüchter mit
seinen Tieren fühlt, zeigt sich auch daran,
dass er allen einen Namen gegeben hat.
Der prominenteste heißt Berlusconi.

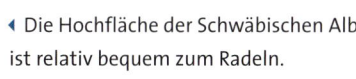

‣ Das Fleißigsein liegt den Bienen im Gen. Und imponiert den Menschen. Richtig guter Honig braucht trotzdem viel Zeit und Geduld.

▾ Das Große Lautertal ist eine Entdeckungsreise zu Burgen, Felsen, Wacholderheiden und Pferden. Und mitten drin mäandert die Lauter.

Ernst Fauser, fester Wohnsitz Pfronstetten, nimmt gerne Besucher einen Tag mit auf seiner Tour mit der Schafsherde. Über die Wacholderheiden zu ziehen, ist für ihn der schönste Beruf der Welt. Wer möchte, kann auf dem Hof auch noch ein Schäferstündchen halten, denn Fausers vermieten Schäferkarren zum Übernachten. Spartanische und zweckorientierte Möblierung. Zurück zu den Wurzeln kann schöner sein als jede Luxus-Suite.

Das fleißigste Tier der Alb ist die Biene. Sie findet reichlich Arbeitsmaterial ab Frühjahr in den saftigen Albwiesen. Was für Menschen wie ein wuseliges Chaos aussieht, hat für Bienen System. Bei Familie Fischer in Geisingen lernt das jedes Kind. So entsteht also Honig – immer wieder ein Grund zum Staunen, was die

Viel Steine gab's und wenig Brot. Ein altes Zitat über die Alb. Doch bis heute drängt das Kalkgestein nach oben und wird immer noch aufgelesen, damit der Boden frei ist und ordentlich was wachsen kann.

Kühe in echt und wirklich anzuschauen ist vor allem für Stadtkinder wichtiger denn je: Wie sonst wäre erklärbar, dass einer Studie zufolge 40 Prozent der Kinder glauben, Kühe seien lila?

Natur alles hervorbringt. Und auf jedem Hof gibt's selbstverständlich alle Produkte auch zum Probieren.

Wer war schon einmal in einem Fischkindergarten? Jörg Illing in Zwiefalten zeigt bei seiner Fischzucht, dass es schon bei den Kleinen rau hergeht. Futterneid und Rivalitätskämpfe muss er oft genug schlichten. Seine Fische sind wirklich fangfrisch, er bringt sie persönlich zu ausgewählten Gasthöfen. Kein Wunder, dass sein Service hoch willkommen ist.

Die Hochfläche der Alb durchfurchen romantische Täler. Das Große Lautertal ist eines davon, es heißt auch „Tal der tausend Burgen". Auf fast jedem Felsen sitzt eine beziehungsweise das, was von ihr übrig blieb. Fast alle gehen auf das Geschlecht der Gundelfinger zurück. Richtig viel weiß man über diese Adelsfamilie nicht, außer, dass es im 13. Jahrhundert auf einen Schlag neun erbberechtigte Söhne gab. Jeder hat deshalb eine Burg gebaut bekommen. Die große Fortpflanzungsfreude der Familie hat dem Lautertal schöne Burgen aus dem Mittelalter hinterlassen. Stammsitz war Hohengundelfingen.

Der kleinste Ort im Lautertal heißt so, was er ist: Weiler. Abgezählte 15 Menschen leben hier. Samt Denkmal für die Bauern. Ein Denkmal? Ja, denn im 19. Jahrhundert war hier die Hochburg der *Helix pomatia*, der Weinbergschnecke. Bis zu einer Viertel Million Tiere wurden von hier jährlich zu den Gourmets nach Wien verschifft. In ganz Europa galt die schwäbische Albschnecke als Delikatesse. Rita Goller hat diese Tradition wiederaufgenommen und einen Schneckenschaugarten angelegt. Sukzessive werden Schnecken wieder der Renner. Gehegte und gepflegte Tiere. Wer Rita Goller Schnecken kraulen gesehen hat, der wird dieses Bild lebenslang nicht mehr vergessen.

Wenn's jetzt schon ums Essen geht, dann noch zwei Tipps, ebenfalls mit bleibendem Erinnerungscharakter. Seit 1950 kocht die Familie Rose alles ausschließlich in Bioqualität. Inzwischen in der dritten Generation. Simon Rose, der derzeitige Gourmetkoch, arbeitet vorwiegend mit Produkten aus der Region und Kräutern hinterm Haus. Seine ungewöhnlichen und fantasievollen Kreationen kennt man auf der ganzen Alb.

Seinen Käse kauft er fünf Kilometer nördlich bei Rauschers in Hohenstein. Nicht irgendeinen Käse, sondern Büffelkäse. Kein Scherz. Seit 1995 leben rumänische Wasserbüffel bei der Familie. Helmut Rauscher hatte die Nase voll vom stressigen Stadtleben und züchtet inzwischen die schwarzen Tiere, die schon was Furchterregendes haben. Ganz zahm wirken sie, wenn der Büffelbauer sie mit den Klängen eines Albhorns anlockt. Zu allen Tieren hat er eine persönliche Beziehung. Alle haben einen Namen. Der auffälligste heißt: Berlusconi. Kein Scherz. Und jetzt, gut gesättigt, mit viel frischer Luft in den Lungen, einsinken in ein Bett im Heu in Hohenstein. Als Gute-Nacht-Musik ein Büffel-Ruf. Schlafstörungen unbekannt.

Da Deutschland durch Verkehr und Siedlungen immer mehr zugebaut wird, ist es umso wichtiger, solche Biosphärengebiete wie um Münsingen herum als freie Fläche für Fauna wie Flora zu erhalten.

Von Schwäbisch Gmünd
über Heidenheim bis
Giengen an der Brenz

Drei auf einen Streich

Fahr *mal hin*

Wen es magisch zu den Ursprüngen zieht, muss nach Schwäbisch Gmünd, in die älteste Stauferstadt. Eine Stadt wie ein Bilderbuch mit über 800 Jahren Architekturgeschichte! Da könnte sie leicht zu einem Museum erstarren. Dagegen arbeitet Gmünd, wie die rund 60 000 Einheimischen ihre Stadt nennen. Sie ist nämlich eine der drei Modellstädte für Elektromobilität. Also nicht wundern, wenn der Ordnungshüter lautlos mit einem Segway seine speziellen Liebesgrüße der Stadt an den Scheibenwischer heftet. Auch soll man sich nicht wundern über das Einhorn, das Fabelwesen im Stadtwappen. Niemand weiß so genau, wie's dazu kam. Die Spannbreite der Erklärungen reicht vom Einhorn als Inbegriff der Jungfräulichkeit Mariens bis zur Schlamperei eines Stadtschreibers, der aus einem Hirschgeweih ein Einhorn machte. Geht schneller.

Gmünd behauptet von sich, nirgendwo sei die Designerdichte europaweit höher als hier. Nirgendwo gäbe es mehr Fachgeschäfte und Fachbetriebe wie zum Beispiel den Lüstergürtler Gerhard Palme, und nirgendwo lebten mehr Bildhauer für Großplastiken wie eben in Gmünd. Der Wischmopp und der Unimog wurden hier erfunden, ebenso die Schlumpffiguren und manche Silberware von hier schafft es, bei Tiffanys zu landen.

Von 23 Stadttürmen stehen immerhin noch sechs.

Katholisch oder evangelisch, eine prägende Frage in der Stauferstadt. Das Heilig-Kreuz-Münster, die älteste Hallenkirche Süddeutschlands, beeindruckt mit ihrem weiten und einheitlichen Innenraum und ihrer imposanten äußeren Erscheinung. Bemerkenswert ist der Münsterschatz, mit rund 300 Objekten aus sechshundert Jahren der umfangreichste in ganz Baden-Württemberg, der zum Teil im Städtischen Museum zu sehen ist. Seit 1989 stellt Gmünd jährlich ein Festival für europäische Kirchenmusik genauso auf die Beine wie ein Internationales Guggenmusiktreffen und das weltweit größte Festival für modernes Schattentheater.

Gleich hinterm Bahnhof beginnt auf dem Nepperberg einer der schönsten Kreuzwege Süddeutschlands. Die Gmünder bauten hier kleine Kapellen mit fast lebensgroßen Figuren. Die Wallfahrtskapelle St. Salvator ist einer der ge-

Mit der Bahn:
Schwäbisch Gmünd ist gut mit Regionalzügen von Stuttgart kommend erreichbar, Heidenheim und Giengen mit Regionalzügen von Ulm und Aalen kommend.

Mit dem Auto:
Schwäbisch Gmünd ist von Stuttgart und Aalen über die B 29 erreichbar, Heidenheim und Giengen über die A 7.

Exportschlager aus Giengen an der Brenz: Der Neffe der Firmengründerin Margarete Steiff, Richard, entwarf ein Zotteltier aus Mohairfell; nach der Leipziger Frühjahrsmesse 1903 begann dann die Erfolgsgeschichte des Teddybären.

◀ Schloss Hellenstein in Heidenheim ist nach dem Geschlecht seiner Erbauer benannt. Heute ist darin unter anderem das Heimatmuseum untergebracht.

▸ Das Münster zum Heiligen Kreuz in Schwäbisch Gmünd geht auf Entwürfe der berühmtem Baumeisterfamilie Parler (14. Jahrhundert) zurück und ist die erste große Hallenkirche Süddeutschlands. Neuartig in seiner Anlage ist der großzügig durchfensterte Chorbereich.

▴ Gemütliche Cafés am Marktplatz in Gmünd. Die romanische Johanniskirche birgt im Innern die Pfeilermadonna, die wohl im späten 12. Jahrhundert entstand und als wertvollster Schatz der Stauferstadt gilt.

◂ Ein beliebter Gmünder Wallfahrtsort liegt auf dem Salvatorberg. Die in den Fels gehauene Doppelkapelle wurde im späten 15. Jahrhundert erstmals erwähnt. Bildstöcke und Stationshäuschen säumen den Weg nach oben.

Schattentheater Schwäbisch Gmünd

Alle drei Jahre findet in Gmünd das Internationale Schattentheater Festival statt. Ein Forum, das zum Staunen einlädt. Der Schattenmann in Schwäbisch Gmünd ist Rainer Reusch. Er hat das weltweit einmalige Internationale

Schattentheaterzentrum gegründet. Und inzwischen um die Sandmalerei weiterentwickelt.

Der Schatten, das Nichts aus dem Licht, ist nicht nur etwas für Romantiker, denn der Schatten berührt das Emotionale, das genauso wenig Fassbare und dennoch Existente. Im Schatten liegen Geheimnisse. Das Finstere kann verschwommen und klar konturiert sein, je nachdem wie das Licht dazu ist.

Die Methode ist relativ einfach, die Wirkung famos: Ein Kasten mit einer Glasplatte, die von unten beleuchtet ist. Darauf Sand, in den die Schattenspielerhände hineinmalen. Alles Figürliche wie Abstrakte ist möglich. Nie ist von Anfang an klar, was da entsteht. Raum also für eigene Fantasien. Raum für Interpretationen. Das Ganze wird von einer Videokamera aufgenommen und großflächig projiziert. So sind die Zuschauenden live dabei, wie figurale Kunst entsteht.

heimnisvollsten Orte der Stadt. Voller Symbolik, Mystik und Zahlenkabbala. Was die alles haben in Gmünd!

Rund vierzig Kilometer weiter, in der nächsten Ostalb-Stadt, in Heidenheim, schmückt man sich auch mit einem stattlichen Superlativ: Das Kunstmuseum beherbergt die weltweit größte Sammlung an Picasso-Plakaten! Sie ermöglicht es, die Entwicklung der beiden bekannten Picasso-Motive des Stierkampfs und der Friedenstaube im Laufe seines künstlerischen Schaffens nachzuvollziehen. Dabei erfährt der Besucher, dass Picassos eigene Haustaube die Vorlage für die wohl berühmteste Taube der Welt war. Gleichzeitig begreifen die Besucher, wie vielfältig Picassos Drucktechniken waren, ob er nun in Lithografie, Aquatinta oder Linolschnitt arbeitete.

Dann gibt es dort Schloss Hellenstein. Mit dem Bau wurde in der Stauferzeit begonnen, 1530 brannte es komplett ab, danach ließ das Haus Württemberg die Burg wieder aufbauen und erweiterte sie später zu einem Schloss. Im südlichen Teil der Burg steht noch so was, was nicht jeder hat, nämlich der Kindlesbrunnen, 78 Meter tief und der Ort, aus dem die neugeborenen Kinder kommen. Nichts mit Storch und Zuckerstücken!

Das Kunstmuseum Heidenheim beherbergt die weltweit größte Sammlung von Picasso-Plakaten. Daran lässt sich auch der virtuose Umgang des Künstlers mit unterschiedlichen Techniken anschaulich nachvollziehen.

Das im Schloss untergebrachte Kutschenmuseum ist zugleich eine Zeitreise durch 200 Jahre Mobilität.

Immer im Sommer finden die Opernfestspiele statt – bei gutem Wetter in der Burgruine und im Freien, sonst unten in der Stadt.

Die Firma Voith hat den Namen Heidenheim in die Welt getragen. Sie lieferte vor über 100 Jahren schon Turbinen für die Niagara-Fälle und für das weltweit größte Bauwerk seiner Art – den Drei-Schluchten-Damm am Yangtse in China. Der Heidenheimer Pokal ist ein wirklich hart umkämpfter Preis, denn dahinter steckt das anerkannt schwerste Degeneinzelturnier der Welt. Schon wieder ein Superlativ!

Seit 1988 bemüht sich der Georg-Elser-Arbeitskreis um eine Erinnerungskultur für den Mann, der in der Geschichte des Widerstands gegen das NS-Regime lange Zeit bestenfalls als eine Randfigur galt. Dieser Arbeitskreis hat auch den Auftrag für das Georg-Elser-Denkmal in Königsbronn erteilt. Seit dem 11. April

Bei Herbrechtingen im Landkreis Heidenheim stehen im Naturschutzgebiet Eselsburger Tal die Steinernen Jungfrauen. Bundespräsident Karl Carstens, der bei einer seiner Wanderungen auch durch dieses Brenztal kam, bezeichnete es als eines der schönsten Deutschlands.

2010 erinnert es dort an den mutigen Elser und dessen missglücktes Münchner Attentat auf Hitler am 8. November 1939. Im Heidenheimer Stadtteil Schnaitheim steht seit 1971 ein Gedenkstein mit einem Porträt des Einzelkämpfers. Genug Kultur und Geschichte? Dann nichts wie raus, ins Eselsburger Tal bei Herbrechtingen. Zu den Steinernen Jungfrauen, zu Kletterfelsen in fast jedem Schwierigkeitsgrad und zu Wacholderheiden. Seitdem der wanderfreudige Bundespräsident Karl Carstens hier war, gibt's auch einen Titel. Es sei eines der schönsten Täler in ganz Deutschland.

Von der Quelle in Königsbronn bis zur Mündung in die Donau führt der Radweg Radorado die Brenz entlang. Direkt auch in Giengen an den Vereinigten Filzfabriken entlang. Letztere gibt es schon seit 1858 und heute zählen sie zu den weltweit größten Herstellern überhaupt. Und Filz, gewalkte Wolle, ist moderner denn je, seitdem immer mehr Menschen der Kunststoffe in der Kleidung überdrüssig sind. Die berühmteste Bürgerin Giengens, Margarete Steiff (1847–1909), hat hier auch Stoffe erzeugt, aus denen sie Kinderträume in Form gebracht hat. Berühmtere Teddys als die von Steiff gibt es einfach nicht. Margaretes Leben war beschwerlich, sehr beschwerlich, denn eine Kinderlähmung blieb lebenslang ihr Handicap. Mit Nadelkissen in Form von Elefanten aus Filz begann sie ihre Näherei. Das „Elefäntle" wollten alle Kinder haben. So beginnt eine einmalige Erfolgsgeschichte, die auf ihren Neffen weiterging. Der schaffte es, dass ein Teddy um die Welt ging. Die gläsernen Fabrikgebäude waren ebenfalls eine Sensation um die Jahrhundertwende und sind heute denkmalgeschützt.

Dass Giengen sich die „Stadt der Bären" nennt, ist nahe liegend. Verständlich auch, ein Spielzeugmuseum zu bauen. Eine Abenteuerreise nach 3000 verschwundenen Teddybären. Wetten, dass es jedes Mal ein Kampf ist, Kinder dort wieder rauszukriegen? Und obendrein dürfen sie in der Spielwerkstatt schauen, was in einem Kuscheltier so alles drin ist. Ganz im Sinne von Margarete, der Firmengründerin: „Für Kinder ist nur das Beste gut genug."

Im Zuge des Neubaus des Steiff Museums hat die Stadt Giengen an der Brenz auch den Postberg saniert.

Ulm an der Donau

*Junge Schachteln
und schräge Vögel*

Fahr *mal hin*

So kommt man hin
Mit der Bahn:
ICE Stuttgart–München oder mit den Regionalzügen aus den benachbarten Städten und Regionen.

Mit dem Auto:
Über die A 8 Stuttgart–München oder die A 7 Würzburg–Füssen.

Ja, ja, den Zungenbrecher kennt jeder, wenngleich in Ulm und um Ulm und um Ulm herum leichter ist als der von Blaubeuren. Aber jetzt nicht abschweifen. Die Donaustadt, seit 1980 Großstadt, liegt haarscharf an der bayrischen Grenze. Einen Schritt weiter, also schon im Freistaat, befindet sich Neu-Ulm. Ulm ist die Stadt mit dem höchsten Kirchturm der Welt. Und einer außergewöhnlich mutigen Architektur. Es ist eine große Wissenschaftsstadt auf dem Eselsberg, die zum Beispiel Zellen ins Gymnastikstudio schickt.

In Ulms neuer Mitte kriechen inzwischen die Autos im Schneckentempo durch die Stadt. Fußgänger sind gleichberechtigt. Und all das geht ohne Ampel. Klingt unglaublich, funktioniert aber.

Nun gut, nicht jedem gefällt der Kontrast zwischen Beton und Glas neben historischen Bauten. Eine Pyramide aus Glas, die Stadtbibliothek. Das Stadthaus, das der Stararchitekt Richard Meier entworfen hat, sorgt schon noch für erregte Gemüter. Und gleichzeitig für viele Bewunderer.

Ein weiteres Prunkstück ist die Kunsthalle Weishaupt. Moderne Kunst, großzügig gehängt und verteilt, in lichten Räumen. Die wechselnden Ausstellungen zeigen Werke aus der reichen Sammlung von Siegfried Weishaupt, Unternehmer und Kunstmäzen. Die Ulmer Variante vom Schrauben-Würth und dessen Kunstsinn. Eine gute Aussicht auf das Geschehen wie das Geschehene haben Besucher und Turmwarte auf verschiedenen Plattformen des Turms.

Eine andere Variante, das Münster zu erleben: Beispielsweise die Führung „verborgene Kammern" durchs Münster mitzumachen. Zu dämonischen Fratzen, zu dunklen Orten, in düstere Kammern mit Gipsabdrücken, deren Originale innen wie außen am Münster festgemacht sind. In diesen Gemächern glaubt man noch einen Teil der Angst zu riechen, die die mittelalterlichen Menschen vor dem Bösen, vor wahrhaft Tod und Teufel hatten. Die Kirchen haben durchaus ihren Teil dazu beigetragen, diese Ängste zu schüren.

Für die Kunden von morgen bieten die Ulmer Kinderführungen an. Verkleidet in mittelalterlichen Kostümen stürmen sie durch die Geschichte und Gassen der Stadt, durchs Fischer- und Gerberviertel. Der Gestank nach abgezogener Tierhaut

Lernt schon jedes Kind in der Schule:
Ulm hat mit 161 Metern den höchsten Kirchturm der Welt.

◀ Ulm und seine neue Mitte neben dem Münster, Postmoderne Bauten wie das Stadthaus.

und alten Fischen ist einem herausgeputzten, nobel wirkenden Viertel gewichen. Die Kinder erfahren, was ein „Hundsbronser" ist genauso anschaulich wie die Herkunft der Redewendung „auf großem Fuße leben": Der Schnabelschuh hat diesen Spruch in die Sprache gebracht. Auf der Kinderführung liegt auch der Herrenkeller mit richtig dicken Wänden, fünfhundert Jahre alt, ein vergessenes Energiesparmodell. Sozusagen der Kühlschrank von damals. Nur ein Beispiel von zahllos vielen thematischen Führungen in der Stadt.

Ein genetischer Türke und eine waschechte Allgäuerin haben sich in den Pflug-merzler verliebt. Merzler bedeutet eigentlich Kleinhändler. Die waren in dem Haus, ehe vor schon hundertfünfzig Jahren die Gastronomie eingezogen ist. Ulm hat ein Drei-Sparten-Theater samt Philharmonischem Orchester. Integra-tionsthemen löst Ulm auch mit einem türkischsprachigen Theater, dem Ulüm. Ulms alternative Kulturbastion heißt „Roxy", wo seit 1989 eine flotte Mischung von Menschen auftritt, nationale wie internationale Künstler genauso wie Newcomer aus der Region. Der Publikumsliebling heißt: open stage. Dabei kann einmal im Monat hier jeder zehn Minuten lang sein Bestes geben, das Publikum ist die Jury. Der Mensch lebt zwar nicht vom Brot allein, doch wie man vom Brot lebt und sel-biges macht, das zeigt Deutschlands einziges Museum der Brotkultur.

▸ Dicht an dicht, Gotik und Postmoderne. Das Ulmer Münster hat mit dem weißen Richard-Meier-Bau, dem Stadthaus, einen Mitspieler um die Gunst der Kunst bekommen.

Ulm liegt direkt an der Donau. Eine Stadt am Wasser hat immer ihren romantischen Reiz, läuft aber auch immer wieder Gefahr, vom Hochwasser heimgesucht zu werden.

Das „Fort Oberer Kuhberg", ein Teil der Bundesfestung Ulm, wurde vom NS-Regime als Vorhof zur Hölle Auschwitz benutzt. Das Ulmer KZ war zwar kein Vernichtungslager, aber ein Ort, an dem schätzungsweise 600 Menschen ihrer Würde beraubt wurden, darunter auch der SPD-Politiker Kurt Schumacher. Eine Dauerausstellung will diese Erinnerung wachhalten. Genauso wie das Schicksal der mutigen Geschwister Hans und Sophie Scholl, dokumentiert im EinsteinHaus mit der Dauerausstellung „Wir wollten das Andere", mit der Stele auf dem Münsterplatz und dem nach den Geschwistern benannten Platz in der Neuen Mitte.

Ein Schiff mit flachem Kiel und einem Haus darauf heißt Ulmer Schachtel. Ein schwarz-weißes Schiff. Zwei dieser Schachteln gehören der Stadt, die anderen handverlesenen befinden sich in Privatbesitz. Einst dienten sie tatsächlich als Transportmittel, um Waren auf der Donau bis nach Wien zu schippern. Und Zigtausende sind im 18. Jahrhundert mit solchen Schachteln ausgewandert: ins heute zu Rumänien, Ungarn und Serbien gehörende Banat oder nach Russland. Die Geschichte dieser Donauschwaben zeigt das Donauschwäbische Zentralmuseum.

Auf einem der sieben Hügel Ulms, auf dem Eselsberg, ist die Wissenschaftsstadt angesiedelt. Ulms Innovationspotenzial zeigt sich hier besonders deutlich. Hier forscht die akademische Avantgarde. Mit durchaus auch praktischem Nutzwert wie etwa am Energon, einem der größten Passivhäuser der Welt oder einem

▲ Die neue, 36 Meter hohe Stadtbibliothek ist für ihren Erbauer Gottfried Böhm ein „Kristall des Wissens". Die Sonnenschutzstreifen greifen Fachwerkstrukturen auf. Daneben steht das Rathaus mit Malereien aus der Frührenaissance – zugegeben, ein auffälliger Kontrast.

▼ Die Plastik von Jürgen Goertz am Einstein-Brunnen steht seit 1984 auf dem Gelände des historischen Zeughauses. Sie zeigt nicht nur Ulms berühmtesten Sohn Albert Einstein (1879–1955) mit herausgestreckter Zunge. Daneben symbolisiert ein Raketenstumpf die atomare Gefahr, während das Schneckenhaus die Natur und Weisheit darstellt. Und auch die Skepsis gegenüber der Technikgläubigkeit.

Bürogebäude, das ohne Klimaanlage und fast ohne Heizung auskommt. Wenn man so will, ist dieses eine Weiterentwickelung dessen, was der 500-jährige Herrenkeller schon war: gut isoliert. Architekten und Ingenieure aus der ganzen Welt interessieren sich dafür.

Unten an der Donau erstreckt sich die Friedrichsau, zwei Kilometer Park und Grünes entlang der Donau, ein paar Biergärten und Gaststätten, die das ganze Jahr geöffnet haben, Kinderspielplätze und immer auch der Ort des Ulmer Zeltfestivals und des Volksfests.

Hier befinden sich auch die Anlegestellen, um mit Booten eine Runde übers Donauwasser zu drehen.

Heute sind die Ulmer Schachteln übrigens nur noch zum Vergnügen da und natürlich am Nationalfeiertag Schwörmontag, immer am vorletzten Montag im Juli. Der krönende Abschluss ist das Nabada mit Motto-Booten und deren gezielten Hieben gegen alles, was nicht so gut lief. Bei Regen fällt der Spaß aus. Seit 2007 wird die Schwör-Rede im Internet übertragen, damit auch alle fern der Heimat ihren höchsten bürgerlichen Feiertag live miterleben können.

Ulms neue Mitte, das heißt ein Dialog der verschiedenen Architekturstile und Epochen. Heißt aber auch, Autofahrer und Fußgänger sind mitten in der Stadt gleichberechtigt.

◀ Abseits von der Fußgängerzone lebt das am Donauzufluss der Blau gelegene Fischer- und Gerberviertel seinen eigenen Rhythmus. Charme besitzt es ohnehin. Wenig Verkehr, viele Spezialgeschäfte und Cafés zum Genießen.

▼ Höhepunkt des Schwörmontags ist ab 16 Uhr das Nabada. Bei dem Hinunterbaden handelt es sich um eine Art karnevalistischen Wasserumzug auf der Donau, der stets von zahlreichen „Wasserratten" in Booten und auf Flößen, aber auch schwimmender Weise begleitet wird.

Bodensee und Oberschwaben

Konstanz und der Bodensee-Radwanderweg

Den Bodensee stets im Blick

Konstanz ist mit über 80 000 Einwohnern die größte Stadt am Bodensee. Sie bildet die Grenze zur Schweiz und zugleich die EU-Außengrenze, ist aber längst mit der Nachbarstadt Kreuzlingen zusammengewachsen. Und ist mit dieser durchaus auch im Wettstreit: zumindest ein Mal im Jahr beim Seenachtsfest, das in Kreuzlingen Fantastical heißt. Verbunden mit der jährlichen Frage: Wer hat das größte. Nämlich Feuerwerk.

Konstanz verdankt seine erhaltene Schönheit einer List. Sonst hätten die Alliierten im Zweiten Weltkrieg diese schmucke Stadt bestimmt auch bei ihren Luftangriffen am See, wie Friedrichshafen, zerstört. Die Konstanzer nutzten ihre Nähe zur Schweiz und haben entgegen jeder Verordnung nächtens nicht verdunkelt. Und so dachten die Bomberpiloten, die helle Stadt sei Schweizer Gebiet, und drehten ab.

Während des Konzils von Konstanz (1414–18) belagerten vier Jahre lang Kaiser, Papst und Kirchenfürsten mit ihren Gefolgen die Stadt. Seit 1993 erinnert daran auch die Imperia im Hafen. Eine üppige Kurtisane, ein Kunstwerk von Peter Lenk, für viele ein Affront in der Darstellung. Unübersehbar bleibt sie aber, denn mit ihrer Höhe von 9 Metern begrüßt sie jeden, der im Hafen ein- und ausfährt.

Große Kaufhausketten kommen in den kleinen Bürgerhäusern der Altstadt nicht vor: So hat Konstanz sein Gesicht und seinen optischen Charakter bewahrt. Eine Stadt zum „Lädele". Und wer das sucht, was alle haben, geht ins Lido. Das machen täglich rund 30 000 Menschen.

Seit 1607 besuchen Menschen das Stadttheater, das inzwischen die älteste Sprechbühne Deutschlands ist. Das Rosgartenmuseum ist an sich schon museal, ist es doch das originale Zunfthaus der Metzger von 1454. Es beweist auch, dass die italienische Delegation beim Konzil Pizzaöfen mitgebracht hat. Dass Jan Hus als Ketzer während des Konzils verbrannt wurde, daran erinnern ein Gedenkstein und ein kleines Museum.

Das Münster Unserer Lieben Frau, dessen Anfänge bis in die Zeit um 1000 nach Christus zurückreichen, ist das höchste Gebäude der Altstadt.

So kommt man hin

Mit der Bahn:

Mit dem IC „Schwarzwald" von Hamburg über Frankfurt, Karlsruhe nach Konstanz.

Mit dem Auto:

Von Stuttgart–Singen über die A 81 und B 33 nach Konstanz.
Von Freiburg: B 31 bis Geisingen, A 81 und B 33 nach Konstanz.
Von Ulm–Ravensburg: B 30, ab Meersburg Auto- und Personenfähre nach Konstanz.

Anreise über den See:

Auto- und Personenfähre Konstanz–Meersburg. Der Katamaran – die Verbindung am Bodensee zwischen Konstanz und Friedrichshafen.

Der Künstler Peter Lenk will mit seinen Werken immer auch provozieren. Die Imperia soll eine Prostituierte während des Konzils darstellen, die spielerisch mit dem Papst wie dem Kaiser umgeht.

◀ Das Alte Kaufhaus, errichtet 1388–91, unweit des Bahnhofs, diente jahrhundertelang den Kaufleuten als Warenlager. Hier tagte auch das Konstanzer Konzil von 1414 bis 1418.

Die Konstanzer Universität ist jung. Erst 1966 gegründet, zählt sie schon zu den Eliteeinrichtungen des Hochschulwesens und gilt für fast alle Studierenden hier als die schönste Uni Deutschlands, mit Blick auf den Bodensee. Das allein ist schon einmalig. An der Fachhochschule für Technik wurde 1987 das erste Solarboot erfunden. Alternative Energien und Antriebe zu finden, das ist dort ein Dauerthema.

Zu Konstanz gehört auch die Insel Mainau (siehe hierzu auch „Eine halbe und zwei ganze Inseln im Bodensee – Mainau – Reichenau – Höri").

Zum Bodenseeradweg starten, heißt zunächst die Frage klären: rechts herum oder links herum? Der Weg ist 273 Kilometer lang. Ehrgeizige meistern dies an einem Tag. Lassen aber auch viel Schönheit unbeachtet auf der Strecke.

Hier ein Vorschlag: Von Konstanz mit dem Schiff nach Friedrichshafen (siehe

Das Feuerwerk beim Seenachtsfest bildet dessen fulminanten Abschluss. Eine musikalische Choreografie der Feuerwerkskörper, bei dem der Bodensee eins mit den Sternen zu sein scheint.

▲ ◥ Schon im Jahr 780 wird das Münster erstmals urkundlich erwähnt. Mitte des 11. Jahrhunderts begann der Bau in romanischem Stil, die
Arbeiten wurde aber erst im 18. Jahrhundert
abgeschlossen. Vom Turm genießt man einen
herrlichen Rundumblick. Neben dem Münster
steht eine Mariensäule.

▶ Im ehemaligen Dominikanerkloster ist heute
das Inselhotel untergebracht. Ende des 19. Jahrhunderts wurde der Kreuzgang mit Szenen zur
Geschichte Konstanz von den Pfahlbauten bis
zur (damaligen) Gegenwart ausgemalt.

hierzu auch: „Schiffe, Schnepfen und ein Schloss – Friedrichshafen"), und dann mit dem Rad nach Bregenz. Den Rückweg dann mit dem Schiff oder per Rad, insgesamt 33 Kilometer voller Haltepunkte. Nach dem Eriskircher Ried, dem großen Naturschutzzentrum, führt eine historische Holzbrücke über die Schussen weiter nach Langenargen. Dessen Wahrzeichen ist Schloss Montfort, malerisch an der Uferpromenade gelegen. Ursprünglich als Lustschloss für den Württemberger König Wilhelm I. gebaut, beherbergt das Schloss im maurischen Stil heute eine Disco mit Restaurant. Nur Radler und Fußgänger haben Zutritt zur Argenbrücke, der drittältesten Hängebrücke Deutschlands. Über sie hinüber geht es nach Kressbronn. Niemand vermutet hier den zweitgrößten Yachthafen Deutschlands. Der Ort bietet außerdem viele Kapellen aus der Barockzeit. Ein Maislabyrinth macht großen Spaß. Die Hofanlage Milz ist ein selten vollständiger Bauernhof mit einem wunderschönen Bauerngarten.

Wilhelm I. (1781–1864) hat dieses Schloss als Lustschloss im maurischen Stil vorgesehen. Es ist derselbe König Württembergs, der auch die maurischen Anlagen in der heutigen Wilhelma oder die Grabkapelle in Stuttgart bauen ließ. Montfort liegt malerisch schön an der Uferpromenade in Langenargen.

Nonnenhorn, zwischen Wasserburg und Kressbronn gelegen, ist schon bayrisch. Ein Mammutbaum beschützt die gotische St. Jakobus-Kapelle. In einem offenen Holzhaus steht der wuchtige Nonnenhorner Weintorkel, der älteste der ganzen Bodenseeregion. Weiter geht's nach Wasserburg, das, wie Lindau, auf einer Halbinsel liegt. Mit einem Schloss, in dem man übernachten kann, der Kirche St. Georg samt Steintafeln zu allen Seegfrörnen, nur drei Mal war der See komplett zugefroren: 1573, 1830 und 1963.

Im Takt der Wellen setzt sich der Weg am bayrischen Bodenseeufer fort und man erreicht Bad Schachen, den vornehmen Vorort Lindaus. Eine Nobelvilla an der nächsten, auch bayrischer Adel hat hier seine edlen Spuren hinterlassen. Dem Stadtnamen wie Stadtwappen gemäß wachsen in der bayrischen Bodenseemetropole besonders viele Linden. Die älteste Kirche ist den Fischern gewidmet: Es ist die Peterskirche am Schrannenplatz. Das Münster Unserer Lieben Frau hat der Barockbaumeister Johann Caspar Bagnato nach dem Stadtbrand 1728 erstellt. Er zeichnete auch für die Kirche auf der Insel Mainau verantwortlich. Und jetzt die Frage: Erst bummeln auf der Maximilianstraße oder gleich weitergehen in Richtung Halbinsel und die stattliche Hafeneinfahrt samt protzigem Löwen bestaunen? An beidem kommt man nicht vorbei.

Die bayrischen Spuren sind allgegenwärtig, obwohl Lindau zum bayrischen Regierungsbezirk Schwaben gehört. Davon zeugen auch die Straßennamen und

Lindau ist eine Halbinsel und gehört zu Bayern. Jedes Schiff passiert die beiden Hafenwahrzeichen: den Leuchtturm und den steinernen Löwen.

Leise Brisen am Bodensee auf dem Bänkle über sich hinwegwehen lassen, die Gedanken im Gebirge gegenüber versenken, bei einer Radelpause – das entspannt auch die Seele.

die Fußgängerzone mit Bürgerhäusern aus der Zeit vor dem verheerenden Stadtbrand. Eines fällt besonders auf: das Haus zum Cavazzen mit einer plastisch wirkenden gemalten Fassade, in dem das Stadtmuseum untergebracht ist. Der Kunsthistoriker Georg Dehio meinte sogar, es sei das schönste Bürgerhaus am ganzen Bodensee.

Lindau liegt im Dreiländereck. Zehn Kilometer weiter beginnt schon Österreich mit Bregenz, der Hauptstadt von Vorarlberg, und dem Hausberg Pfänder. Eine bequeme Seilbahn führt auf 1064 Meter Höhe, wo bei gutem Wetter 240 Alpen-

Bequem mit der Seilbahn auf den Bregenzer Hausberg, den Pfänder. Es geht auch zu Fuß oder für ganz Sportliche mit dem Rad. Eines ist allen gewiss: eine grandiose Aussicht.

gipfel sichtbar sind. Ein berauschendes Panorama. Kein Wunder, dass jedes Jahr Heerscharen den Berg hinauffahren oder auch wandern.

Unten liegt die größte Seebühne der Welt. Bregenz hat auch die schmalste Hausfassade Europas, nämlich in der Kirchstraße Nr. 29: Sie ist misst lediglich 57 Zentimeter. Und seit hier Teile eines James-Bond-Films gedreht wurden, scheint jeder Bregenz zu kennen. Architektur, vor allem auch zeitgemäße, ist immer wieder Thema in der Stadt. Das Kunsthaus Bregenz wurde mit dem Mies van der Rohe-Preis ausgezeichnet, während der Inhalt mit zeitgenössischer Kunst immer wieder für Aufregung sorgt. Das tut Bregenz aber gut. Kaum eine Stadt hat neben der Altstadt so viel moderne Architektur. Zu diesem Thema werden auch Stadtrundgänge angeboten. Die Vorarlberger Baukünstler sind eher namenlos. Dafür haben ihre schlichten Häuser mit viel Holz und Licht ein unverkennbares Gesicht.

1946, als die Menschen nach dem Weltkrieg gierig auf Kultur waren, fing das Spiel auf dem See an. Inzwischen ist daraus die weltweit größte Seespielbühne geworden. Eine Kombination zwischen natürlicher Kulisse und ein für die jeweilige Produktion geschaffenes Bühnenbild.

Friedrichshafen

Schiffe, Schnepfen und ein Schloss

Anders als Konstanz, das Luftangriffe listig ausgetrickst hat, gelang es den Alliierten, Friedrichshafen nahezu komplett zu zerstören. Heute dominiert die schnelle Nachkriegsarchitektur, doch der mobile Geist hinter den Fassaden ist unausrottbar. Das zeigt sich in den beiden Häusern mit luftigen Themen: dem Dornier- und dem Zeppelin-Museum. Letzteres liegt direkt am See, gebaut im ehemaligen Hafenbahnhof. Es ist eine schnörkellose Bauhaus-Architektur mit dem Prachtstück eines partiellen Hindenburg-Nachbaus, begehbar. Löst Lust zum Fliegen aus. Und wenn noch freie Sicht auf die Alpen ist, spürt jeder die fast schon magische Anziehungskraft des Bodensees.

Seit 2001 sind Rundflüge mit den fliegenden Zigarren, den „Zeppelinen NT" – NT steht für neue Technologie – buchbar. Ein unvergessliches Erlebnis, zugegeben, wenn auch teurer als ein Ticket mit der Bahn.

Das Dornier-Museum liegt in unmittelbarer Nähe zum Flughafen und ist baulich einem Hangar nachempfunden. Zu sehen gibt's hier alles, vom Senkrechtstarter bis zum Düsenjet, alles zum Anfassen. Hinter Dorniers Pioniergeist steckt ebenfalls Graf Zeppelin, der den vorwärts drängenden Forscher gefördert hat. Dornier war der Erste, der ein Flugzeug in Ganzmetallbauweise entwickelt hat, eine damals revolutionäre Erfindung. Auch wenn die großen Zeiten des Flugzeugbaus in Friedrichshafen Geschichte sind, bleibt die Messestadt dem Thema Mobilität treu; das zeigt sich unter anderem in den hier stattfindenden Messen.

Noch nicht genug, oder regnet's am See? Nicht nur für Jungs dann auf ins Feuerwehrmuseum oder ins Schulmuseum. Letzteres ein Thema, zu dem jeder was zu sagen hat, ein Thema, das wohl lebenslang in jedem Gedächtnis haftet. Von der Klosterschule aus dem 9. Jahrhundert bis heute spannt sich der Bogen.

Friedrichshafen liegt auch an der Oberschwäbischen Barockstraße (siehe hierzu auch: „Zwischen Himmel und Erde

So kommt man hin

Mit der Bahn:

Von Stuttgart über Ulm bis Friedrichshafen.

Mit dem Auto:

Über die A 81 von Stuttgart nach Singen, dann die A 98 und B 31 – oder über Ulm die B 10 nach Friedrichshafen.

Die Friedrichshafner Schlosskirche fällt durch die beiden 55 Meter hohen Sandsteintürme auf. Die evangelische Kirche wird wegen ihrer guten Akustik gern für Konzerte genutzt und liegt unweit des Yachthafens.

◀ Bei einem solchen Wetter über die Promenade von Friedrichshafen zu schlendern, gar noch mit einem Eis bewaffnet, das ist Urlaub.

– Auf der Oberschwäbischen Barockstraße"). Und hat ein Schloss, das aus dem Benediktinerkloster Hofen hervorgegangen ist. Dessen Gründung erfolgte bereits im 11. Jahrhundert. Im Dreißigjährigen Krieg brannte es komplett nieder, wurde danach aber als Konvent mit prächtiger Kirche, der Schlosskirche, wieder aufgebaut. Das Areal wird vom Haus Württemberg verwaltet.

Die doppeltürmige Schlosskirche im Westen ist auch der Startpunkt für die Uferpromenade. Sie ist eine der längsten am See und zugleich Teil des Bodenseepfads, der Einheimische wie Touristen in Sachen Umweltbewusstsein aufklären will. In Friedrichshafen erzählen über zwanzig Bild- und Texttafeln Geschichten über den Vogelflug, exotische Pflanzen im Stadtgarten und übers Wetter und dessen Kapriolen.

Ein Besuch des Eriskircher Rieds ist ein Muss nicht nur für erklärte Naturfreunde. Es ist mit einer Fläche von 550 Hektar das größte Naturschutzgebiet am nördlichen Bodenseeufer. Durch Flussbegradigungen entstanden Altwasser, die sich Vögel, darunter auch Schnepfen, erobert haben. Pittoreske Pirole, Eisvögel oder Haubentaucher nisten in den Auenwäldern. Die dortigen Streuwiesen sind wertvolle Biotope für Pflanzen wie die Sibirische Schwertlilie oder aus-

▶ Das Naturschutzgebiet Eriskircher Ried ist über 550 Hektar groß und mit öffentlichen Verkehrsmitteln gut zu erreichen. Ab Friedrichshafen erklärt der Bodenseepfad, warum dieses Ried so schützenswert ist. Im Bild eine Sibirische Schwertlilie.

▲ Berta, die Frau des Grafen Otto I., hat gegen Ende des 11. Jahrhunderts das Benediktinerinnenkloster am Bodensee gegründet.

◣ Ein Münchner Architektenteam hat das einem Flugzeughangar nachempfundene Dornier Museum gebaut. Sogar ein Lichtkünstler wurde dabei beschäftigt.

▼ Das Zeppelin-Museum zeigt die weltgrößte Sammlung zum Thema Luftschifffahrt. Einzigartig ist in diesem besonderen Haus auch die Verbindung zwischen Kunst und Technik, denn außer Exponaten zur Luftschifffahrt können auch Gemälde von Otto Dix und anderen Künstlern betrachtet werden.

sterbende Tiere wie die Wespenspinne, die 2001 zur Spinne des Jahres gewählt wurde. Das Schilfröhricht ist der reinste Kindergarten für Fische wie Vögel. Über 400 haben Biologen und Ornithologen inzwischen kartiert.

Wer in Friedrichshafen ist, muss aufs Schiff. Wie wär's mit einer Fahrt hinüber in die Schweiz, nach Romanshorn, oder mit einer Lindauer Uferfahrt, vorbei an den herrschaftlichen Villen von Bad Schachen, den Pfänder im Blick, oder mit einer Dämmerschoppenfahrt? Die weiße Flotte bietet mehr als nur Transferverkehr wie etwa zwischen Friedrichshafen und Konstanz. Vielleicht entscheiden Sie sich für die schnelle Variante mit dem Katamaran, mit einem der bislang drei Boote namens Fridolin, Constanze und Ferdinand.

Baden-Württemberg hat keine See, aber den See. Der wiederum hat, im Unterschied zu der See, ein Alpenpanorama, das es am Meer so nicht gibt. Mit ein Grund, warum der See, wie hier bei Friedrichshafen, so anziehend ist.

Mainau – Reichenau – Höri

Eine halbe und zwei ganze Inseln im Bodensee

Die Mainau *ist ein Magnet, der Millionen Menschen vom Meer, vom richtigen im Norden, bis zum Bayrischen Wald anzieht.* Alle Jahre wieder. Kein Wunder, denn Graf Lennart Bernadotte hat die Insel im See so beschrieben: „Sie ist eine kokette kleine Dame, diese Mainau, die stets und ständig große Aufmerksamkeit fordert, noch mehr Liebe und vor allem unaufhörlich neue Kleider." Damit all diese Begehrlichkeiten auch gelingen, graben und buddeln und schneiden die Gärtner ebenfalls fast unaufhörlich an diesen Gewändern.

Das fängt schon im Frühling an, mit Schneeglöckchen und Krokussen, und geht über in ein Meer von Tulpen. Jedes Jahr 100 000 neue Zwiebeln in den Boden setzen. Das erklärt, warum die Mainau im Unterschied zum eigenen Garten keine oder so gut wie keine Pflanzlöcher hat. Denn die Mäuse sind Gourmets und fressen immer zuerst die teuersten Knollen. Und natürlich sind die Tulpenfelder für die „kokette kleine Dame" mal romantischer, mal klarer, mal verspielter.

Südlich vom Schloss liegt der italienische Rosengarten. Alte und neue Sorten, und vor allem ein Duft. Eine in vielen Nuancen wabernde Parfumwolke. Jedes Jahr im Juni die Wahl der Rosenkönigin.

Im Herbst folgen dann die Dahlien. Die Sorten der Herbstschönheiten sind so vielfältig wie ihre Farben: Kaktus-, Duplex-, Hirschgeweihdahlien und Pompon-, Mignon- und Halskrausendahlien. Alles da. Von Zwergen bis Riesen, die an die zwei Meter hoch werden.

Somit ist die Mainau ganzjährig ein Prachtstück. Sie gehört übrigens zu Konstanz (siehe hierzu auch: „Den Bodensee stets im Blick – Konstanz und der Bodensee-Radwanderweg") und zur Oberschwäbischen Barockstraße (siehe hierzu auch: „Zwischen Himmel und Erde – Auf der Oberschwäbischen Barockstraße"), des Schlosses samt der Kirche St. Marien wegen.

Wenn die adlige Familie da ist, die im Nordflügel wohnt, hisst sie die Flagge, ganz wie Königs auf der anderen Insel, in Großbritannien.

Das Arboretum ist jenseits der Jahreszeiten immer ein besonderes Schmuckstück. Genauso wie das Schmetterlingshaus, das zweitgrößte Deutschlands, mit einem immerwährenden Urlaubsgefühl. Nicht nur wegen der bis zu 1000

Fahr mal hin

So kommt man hin

Mainau: Mit dem Schiff von Meersburg aus. Mit dem Auto über Konstanz (Parkplatz auf dem Festland).

Reichenau: Mit dem Auto über die B 33 Radolfzell-Konstanz, über den Inseldamm.

Höri: Mit dem Auto über die A 81 Stuttgart-Singen, Ausfahrt Radolfzell. Mit der Bahn über Radolfzell und Singen, dann weiter mit dem Bus.

Jedes Jahr wählt die Insel Mainau eine Rosenkönigin. Der Rosengarten im italienischen Stil gehorcht strengen Linien. Der Duft der Königinnen der Blumen weht beim Spazierengehen neue Gedanken in die Seele.

◀ Die Insel Reichenau besteht aus drei Orten – Niederzell, Mittelzell und Oberzell – St. Peter und Paul liegt in Niederzell.

◀ Der Weiße Saal im Schloss ist ganz besonderen Anlässen vorbehalten, das Café im Südflügel steht dagegen allen Besuchern offen. Der Nordflügel wird von der Grafenfamilie bewohnt. Die barocke Schlosskirche wird gerne zum Heiraten genutzt.

▾ Ein tropisches Klima mit hoher Luftfeuchtigkeit herrscht im Schmetterlingshaus. Manche der seltenen Exemplare haben eine Flügelspannweite von 30 Zentimeter. Darüber staunen nicht nur Kinder.

▾ ▾ Hunderttausende Tulpen recken sich im Frühling der Sonne entgegen und stehen in einem zauberhaften Kontrast zu den in dieser Jahreszeit noch schneebedeckten Alpen.

▾ Die Insel Mainau ist mit einer Fläche von 45 Hektar die drittgrößte im Bodensee.

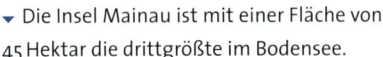

Falter, die darin rumfliegen, sondern auch wegen der durchgängig warmen Sommertemperatur samt hoher Luftfeuchtigkeit. Die Wasserfälle darin tun das Ihre dazu.

Es ist das besondere Klima der Insel, das so vieles gedeihen lässt. Es wachsen selbst tropische Palmen oder seltene Orchideen.

Dieses milde Klima macht sich auch die andere zu eigen, die Insel Reichenau. Letztere prunkt mit viel Gemüse und großer Geschichte. Passt gut zusammen, denn schon die Klostermänner der Gründung waren Spezialisten für Kräuterkunde und Gartenbau. Über den Reichenauer Damm ist die Insel mit dem Festland verbunden. Ein Relikt Napoleons III. (1808–1873), der auf der anderen Seite, auf Schloss Arenenberg, aufgewachsen ist. Dieser Zugang ist übrigens auch Startpunkt für die deutsche Alleenstraße, die sich bis zur Ostseeinsel Rügen zieht. Einen Schiffsverkehr nach Plan gibt es selbstverständlich auch.

Die Reichenau ist die größte Bodensee-Insel. Auch wenn das Klima so mild ist, dass die Bauern dreimal im Jahr ernten können, ist doch über ein Viertel der Anbaufläche unter Glas. Die EU hat die Herkunft des Gemüses geschützt.

Dann ist da noch das Kloster Reichenau, es liegt im Ortsteil Mittelzell. Ein UNESCO-Weltkulturerbe seit der Jahrtausendwende. Ein bedeutendes Zeugnis der Benediktiner im Mittelalter. Doch die Geschichte fing viel früher an. Als Pirmin auf die Insel kam und im Jahr 724 das Kloster gründete. Man weiß von ihm nicht wirklich viel. Er war ein Wandermissionar, vielleicht Ire, vielleicht Franzose, und wollte die noch heidnischen Alemannen christianisieren. Seine Legende er-

Die Insel Reichenau ist die flächenmäßig größte Insel im See (4,3 Quadratkilometer) und zählt nur etwas mehr als 3 000 Einwohner.

Neben der schützenswerten Kultur ist die Reichenau vor allem eine Gemüseinsel. Von Feldsalat über Paprika bis Küchenkräuter wächst hier zertifiziertes Gemüse.

zählt ein Gemälde. Die Insel – ein einziges Schlangennest. Drei Tage soll er gebraucht haben, bis er die ganze Schlangenbrut verscheucht hatte. Und wie es sich für einen (später) richtigen Heiligen gehört, entstand an der Stelle, auf der er den ersten Schritt auf die Insel machte, eine Quelle.

Der Schlangenpfuhl mauserte sich zu einem geistigen Zentrum. Mit einer prächtigen Schatzkammer, die die Benediktinermönche angelegt haben. Auch hier weiß man nicht so genau, wie solch orientalische Pracht ihren Weg auf die Insel gefunden hat. Doch Geheimnisse sind doch genau das, weshalb Menschen Orte aufsuchen. Damals wie heute.

Diese kleine große Insel! Ein Zentrum der Macht und Kultur, für die Karolinger wie die Ottonen. Das bezeugen die drei Kirchen auf der Reichenau, die allesamt sehenswert sind, nicht zuletzt wegen ihrer Wandmalereien. Und die einzigartigen Handschriften aus der Reichenauer Malerschule. Der gesamte Bestand an kostbaren Handschriften kam im Zuge der Säkularisierung 1805 in die Badische Landesbibliothek nach Karlsruhe. Die alte Buchmalerei des Bodensee-Klosters Reichenau wurde 2003 in das Weltdokumentenerbe der Weltkulturorganisation UNESCO aufgenommen.

Mit ihrer Spitze weist die Reichenau auf die im Untersee liegende Halbinsel Höri. Zwischen Radolfzell und Stein am Rhein gelegen. Man könnte meinen, es gibt keinen Ort mehr am See, der nicht vom Massentourismus überflutet ist. Die Höri ist aber bis heute so ein Ort. Touristen ja, aber nicht in Massen. Kaum einer kennt die Orte Bankholzen, Schienen oder Iznang, die klein und überschaubar sind. Radfahren oder Wandern in den Naturschutzgebieten – das können hier Ruhebedürftige und Genießer. Dazu gehört auch Slow food und ein fahrendes Restaurant auf einem Solarboot.

▶ Die Insel Höri ist eine Halbinsel. Sie zeigt mit ihrer Spitze auf die Reichenau. Im Unterschied zu den andern Inseln geht es hier touristisch wesentlich ruhiger zu.

▲ In diesem Haus hat Hermann Hesse nur fünf Jahre gelebt, ehe er nach Bern umgezogen ist. Über die Jahrzehnte wechselnde Besitzer, fast der Abbruch, dann die Sanierung aufgrund historischer Vorlagen. Denkmalpreis dafür 2005.

Schon Anfang des letzten Jahrhunderts hatten sich auf der Höri der Schriftsteller Hermann Hesse (1877–1962) mit seiner Frau Mia in Gaienhofen niedergelassen. Das war 1904. Fast wäre das Haus abgerissen worden, da es immer weiter verfiel. Dank privater Initiative konnte es gerettet werden und beherbergt heute das Hesse-Museum. Viktor von Scheffel hat der Höri übrigens die Auszeichnung „Gottesgarten am See" verpasst.

Der Glaube setzt sich unter den Halbinselbewohnern in der Ortschaft Moos mit einem eigenen Feiertag bis heute fort. Dazu zählt eine Wallfahrt über den See nach Radolfzell zum Hausherrenfest. Selbige Herren sollen durch Fürbitten eine Viehseuche gebannt haben.

Im Laufe des Zweiten Weltkriegs wurde die Insel zur Zufluchtsstätte für vom Naziregime verfolgte Künstler, darunter Max Ackermann und Otto Dix, der von 1936 bis zu seinem Tod 1969 seinen Hauptwohnsitz in Hemmenhofen hatte. Zur Attraktivität des Bodensees hinterließ Dix auch einen markig-zynischen Ausspruch, er fand ihn „zum Kotzen schön".

Fahr mal hin

Büllefest auf der Höri

Fast wäre die Höri-Bülle ausgestorben, jene rote Zwiebel, die die Hände nicht färbt. Wäre da nicht der Slow-food-Koch Hubert Neidhart gewesen. Er erkannte, dass die Zwiebel mit ihrer 1000-jährigen Geschichte zu erhalten zwar schwierig sei, dass es sich aber lohne. Inzwischen hat sie auf der Arche Noah Platz gefunden, in der Reihe der als besonders erhaltenswert eingestuften Lebensmittel.

Die Samen gibt es nicht zu kaufen. Haben nur die Züchter, die die Bülle selbst anbauen. Ursprünglich kommt die Zwiebel aus Ägypten, wie übrigens auch der Gutedel. Ein Verdienst der Mönche.

Die Höri-Bülle ist sehr mild, manche essen sie auch roh wie einen Apfel. Sie hat einen feinen, aber nicht dominanten Geschmack, macht sich auch gut im Salat oder gedünstet zu Fisch und Fleisch.

Wenn nur das Ernten nicht so beschwerlich wäre, hätten sie bestimmt mehr Menschen im Garten oder große Gemüsebauern wie auf der benachbarten Reichenau im Programm. Weil der Weg vom Samenziehen bis zur Ernte aufwändig bleibt, ist dieser Spezialität auf der Höri ein Fest gewidmet. Es findet immer am ersten Sonntag im Oktober in Moos statt. Die Bülle-Dünne, so was wie eine deutsche Zwiebelpizza, ist der Renner. Und weil Zwiebeln und Äpfel in etwa zur selben Zeit reif sind, passt zur Bülle-Dünne ein Apfelmost.

Überlingen und der Linzgau

Langsamkeit genießen

Überlingen ist seit 1999 eine der abgezählten deutschen „Cittàslows". Der aus Italien stammende Begriff ist eine Auszeichnung gegen die Amerikanisierung von Städten und verweist stattdessen auf eine bewusst langsame Stadt, die sich auf die eigenen Werte besinnt. Daher sind die Überlinger auch in der Pflicht, die Lebensqualität der Seestadt ständig zu verbessern. Das ist vermutlich in einem Städtchen mit etwas über 20 000 Einwohnern leichter zu erreichen als in Großstädten. Das älteste Renaissancehaus Deutschlands steht hier, das Reichlin-von-Meldegg-Haus. Wenn man's nicht wüsste, man würde dies dem eher schlichten Steinhaus nicht ansehen.

Alle besichtigen fast pflichtgemäß das Münster St. Nikolaus. Mancher weiß gar nicht, dass die Sylvesterkapelle wesentlich älter ist und sogar Fresken aus dem 9. Jahrhundert hat. Diese Wandmalereien sind leider nicht ganz so gut erhalten wie die zeitgleichen auf der Reichenau (siehe hierzu auch: „Mainau – Reichenau – Höri – Eine halbe und zwei ganze Inseln im Bodensee").

Peter Lenk hat sich auch hier verewigt. Der Künstler, der die umstrittene Imperia in den Konstanzer Hafen gesetzt hat, hat auch hier nicht die Vorstellungen der Stadt eingelöst. Stattdessen düpierte er in seinem Bodenseereiter-Brunnen nicht nur den Schriftsteller Martin Walser, der als Reiter über den Bodensee unvorteilhaft auf einem alten Gaul sitzt, sondern löste auch zahllose Diskussionen um das Thema Ästhetik aus. Der nahe der Schiffsanlegestelle gelegene Brunnen steht trotzdem weiterhin.

Das Kornhaus Greth hingegen ist ein unstrittiges Schmuckstück. Kennt jeder. Präsentiert sich direkt am Landungsplatz als klassizistischer Bau.

Unweit der Promenade – übrigens die längste am See – verblüfft der Stadtgarten mit riesigen Mammutbäumen, einer Kakteenlandschaft, die hier nicht vermutet würde, neben Rosen, Blumenrabatten und Tulpen, die alle haben. Warum die Stadt für ihren auffällig schönen Garten nicht wirbt? Keiner weiß es. Der Garten geht nahtlos über in den Stadtgraben samt Stadtmauer. Eine ungewöhnliche, denn ein Teil der Mauer ist blanker Fels, der andere Teil steht auf Felsen. Gletscherrelikte.

Fahr mal hin

So kommt man hin

Mit der Bahn:

Von Stuttgart über Ulm via Friedrichshafen nach Salem oder Überlingen. Oder über Karlsruhe und Singen nach Überlingen.

Mit dem Auto:

Von Stuttgart – Singen: A 81 und B 31 bis Überlingen.
Von Freiburg: B 31 bis Geisingen, A 81 und B 31 bis Überlingen.
Von Ulm – Ravensburg: B 30 bis Überlingen.

Der Überlinger Markt hat mehr, als mancher in seiner Küche kennt. Einheimisches und exotisches Obst, Bioprodukte, und geschwatzt wird an den Ständen auch gern.

◄ Das Schloss Salem hat sich mit Gotik und Barock vermählt. Es will ein Ort des Friedens sein.

▲ Die Überlinger rühmen sich, die längste Uferpromenade am See zu haben. Das dominierende Gebäude auf diesem Weg ist das ehemalige Handels- und Kornhaus Greth, urkundlich bereits 1421 erwähnt.

◄◄ Die Überlinger Altstadt wirkt romantisch, verwinkelt und besitzt charmante Straßencafés. Diesen Eindruck runden mittelalterliche Türme und die Stadtmauer ab.

◄ Ein alter Gaul in Anlehnung an „Das fliehende Pferd" von Martin Walser, der Reiter mit Schlittschuhen statt Sporen an den Füßen, in die Jahre gekommene Seejungfrauen – all dies an der Skulptur von Peter Lenk hat zu ziemlich viel Aufregung gesorgt.

Wenige Touristen verirren sich bis zum Felsengarten. Eine bekannte Weinlage. Der vergorene Rebensaft hat eine immense mineralische Dichte, wegen der Felsen, auf denen er wächst.

Wer nun weiterzieht durchs Salemer Tal hinein in den Linzgau, der hört schon den Glocken an, dass da ein stattlicher Bau steht. Zisterziensermönche haben ihn vor fast 1000 Jahren gebaut, im 17. Jahrhundert ist er wie so viele abgebrannt und als Rokokobau neu auferstanden. Das Salemer Münster ist aber nicht ein Kulturdenkmal, das sich langweilt. Rege nutzen es die Katholiken der Region. Und ob Gottesdienst oder nicht, zu gucken gibt es zuhauf in der dreischiffigen Säulenbasilika – auch Schauerliches wie das Totengeripppe des barocken Stuckateurs und Bildhauers Anton Joseph Feuchtmayer.

Besonders sehenswert ist der Kachelofen von 1733 im Sommerrefektorium des ehemaligen Klosters. Ein Zeitkolorit der Zisterzienser. Momentmalereien aus der Arbeitswelt der Mönche, fast schon fotografisch genau ausgeführt. Und dann kam Napoleon, vertrieb die Mönche und zerschlug nicht nur Porzellan. Ein Weltlicher bekam alles, Karl Friedrich, Markgraf von Baden. Heute wohnt im Schloss die markgräfliche Familie, das Anwesen gehört weitgehend dem Land. Das Elite-Internat Salem ist weit bekannt.

Der direkte Weg von Salem nach Birnau heißt passenderweise Prälatenweg. Die Wallfahrtskirche Birnau, ein fulminantes Ende am See der Oberschwäbischen Barockstraße. Pracht und Pomp, Rokoko und Barock haben sich vermählt, eine

Die Wallfahrtskirche Birnau liegt an der Oberschwäbischen Barockstraße und beeindruckt durch ihre üppige barocke Innenausstattung. Die reichen Zisterziensermönche von Salem haben den Bau in Auftrag gegeben, der zwischen 1746 und 1749 errichtet wurde.

überbordende Fülle für alle Ewigkeit. Und als würde all das nicht reichen, ist der „Honigschlecker" besonders berühmt geworden, eine Putte des Joseph Anton Feuchtmayer.

Unterhalb der Kirche, auf der Birnau-Halde, wächst Spätburgunder. Wein und Wallfahrt, das passt schon immer gut zusammen. Die Feinschmeckermönche haben die Reben aus dem Burgund importiert. Heute gehören sie dem Markgrafen. Und diesen Schatz gibt er nicht her.

400 Meter über dem Meeresspiegel liegt die europäische Wasserscheide. Hier trennen sich Rhein und Donau wie der badische Linzgau von Oberschwaben. Den nördlichen Rand des Linzgaus beherrscht Schloss Heiligenberg. Endlich mal eines, das nicht irgendwelchen Kriegen oder Bränden zum Opfer fiel. Es gehört heute den Fürstenbergs. Das Schloss hat einen zweistöckigen Rittersaal mit

730 Meter über Meereshöhe thront wahrhaft Schloss Heiligenberg, das heute im Besitz der Familie von Fürstenberg ist. Winters wie sommers liegen der Bodensee und die gegenüberliegenden Berge den Besuchern zu Füßen.

einer höchst kunstvoll geschnitzten Kassettendecke. Ein seltenes Juwel der Spätrenaissance.

Der Name Linzgau stammt vom keltischen Lentia, was so viel wie Bach bedeutet. Entlang der Linzgauer Aach ließen sich Bauern und Handwerksbetriebe nieder, die die Wasserkraft nutzten. Heute finden sich besonders viele anthroposophische Siedlungen in den versteckten Winkeln der Region. Eine ist Camp Hill, eine neue Dorfform im Linzgau. Pädagogen und Sozialarbeiter leben mit behinderten Menschen unter einem Dach und verbinden Schule, Heilpädagogik und Produktion miteinander. In Überlingen betreiben sie ihren eigenen Lebensmittelladen mit dem sperrigen Namen „Sozialkulturelle Integrationsdienste", kurz SKID. Menschen mit einer Behinderung haben einen Job und die Überlinger einen neuen Lebensmittelladen. Passt voll ins Konzept der Cittàslow. Es steht ja außer Frage, dass gutes Essen und Trinken auch am Bodensee zuhause sind. Einmal im Jahr treffen sich alle Linzgauer Spitzenköche im dann knacke vollen Überlinger Kurssaal und zeigen, wie ihre Landschaft schmeckt. Ein Farbenrausch auf den Tellern, ganz so, als wäre die Wahl-Meersburgerin, die Dichterin Annette von Droste-Hülshoff, noch unter ihnen. Sie hinterließ 1841 den Ausspruch: „In der Gegend munter galoppiren, um die schöne Landschaft recht mit Löffeln einzunehmen."

Ein Besuch danach in der Bodensee-Therme sorgt dafür, dass der letzte Gang nach dem Menü, nämlich der auf die Waage, nicht zu fürchten ist.

Die Pfahlbauten in Unteruhldingen gehören zum UNESCO-Weltkulturerbe. Das Museum zu besuchen, heißt auch eine geführte Zeitreise zu unternehmen. Eines ist danach sicher: Die Steinzeit wirkt gar nicht mehr so steinzeitlich.

Das Alte Schloss ist eigentlich die Burg Meersburg, deren Anfänge ins 7. Jahrhundert zurückreichen. Aus dieser frühen Zeit blieb allerdings nichts mehr erhalten.

Auf der Oberschwäbischen Barockstraße

Zwischen Himmel und Erde

So kommt man hin
Von Ulm auf der A 7 Richtung Lindau. Von der Anschlussstelle Berkheim aus über Tannheim und Rudeshof nach Rot an der Rot.

Erst Mitte der 1960er-Jahre entdeckten die Oberschwaben, welche Schätze vor ihren Haustüren herumstanden. Schätze aus Gold und Silber, Schätze aus Marmor und Alabaster. Zwar ist nicht alles Gold, was im Barock glänzt. Doch sehenswert. Keine Frage.

Die Oberschwäbische Barockstraße, insgesamt über 500 Kilometer lang, trägt diesen Namen als touristische Fährte erst seit 1966. Weil die Strecken insgesamt doch recht lang sind, gliedert sie sich in eine Hauptroute, eine West-, Süd- und Ostroute. Letztere beginnt in Rot an der Rot und endet in Kißlegg. Hier zwei Stationen daraus, die seltener als andere genauer betrachtet werden.

Wer in Rot an der Rot wissen will, wie spät es ist, muss schon zweimal hinschauen. An den Klostertürmen sind der große und der kleine Zeiger auf zwei Uhren verteilt. Eine typisch barocke Verspieltheit.

„Des Reiches Pfaffenwinkel" hieß Oberschwaben früher. Nach dem Dreißigjährigen Krieg brach unter den Äbten und Prälaten eine regelrechte Bauwut aus. Zahllose Klöster, Kirchen und Kapellen ließen sie bauen oder barockisieren.

Die spätbarocke Pfarrkirche St. Verena in Rot an der Rot hat eine der schönsten Orgeln Süddeutschlands. Eine Holzhey mit 38 Registern. Wer nach oben schaut, glaubt direkt in den Himmel zu sehen. Zumindest den, wie sich ihn die Menschen im Barock vorgestellt haben. Ein buntes Paradies mit Heiligen, Tugendwächtern, Putten und vielen Zaungästen. Der verheißungsvolle Kontrast zum düsteren Diesseits.

Genauso üppig ist das Chorgestühl für die 40 Prämonstratenserbrüder. Da jeder jeden Tag eine Messe halten musste, gibt es in dem kleinen Ort zehn Seitenaltäre. Und nobel gekleidet, die Heiligen Benediktus und Almachus aus Rom. Wie kamen die nach Oberschwaben? Im 16. Jahrhundert fanden Römer in den Katakomben zahllose Knochen und beschlossen, dies seien allesamt Gebeine von christlichen Märtyrern. Es begann ein regelrechter Versandhandel für teuer Geld. Ein paar Knöchelchen wurden dann zusammengesetzt, der Rest mit Holz und anderen Stoffen ergänzt, das Fragment schick angezogen und fortan war's ein Heiliger.

Benediktus ist ein so genannter Katakombenheiliger. Ob es sich bei dieser Figur tatsächlich um Benediktus handelt, ist fragwürdig. Gesichert ist nur, dass das Kloster Knochen aus den römischen Katakomben gekauft hat.

◀ So eine gewaltige Klosteranlage – und das für nicht mal 5000 Einwohner: Rot an der Rot gehört zum Kreis Biberach/Riß.

 Sankt Verena in Rot an der Rot hat zwei Zwiebeltürme und zwei Uhren. Die eine zeigt die volle Stunde, die andere die Minuten. Da muss man schon genau hinschauen, damit man weiß, wie spät es wirklich ist. Eine typische barocke Spielerei.

◄ Überwältigend der Innenraum des letzten großen Baus des Prämonstratenserordens in Rot an der Rot. Zur Bauzeit ging der Barock gerade in den Klassizismus über.

Bad Wurzach, knapp 15 000 Einwohner, mehr Fläche als das Fürstentum Liechtenstein, ist das Tor zum Allgäu. Die „kleine Residenz am Ried", das waren in barocker Zeit eine Handvoll Häuser und ein riesiges Schloss; eine Art Versailles sollte es werden. Inzwischen ging dem Bauherrn, Graf Ernst-Jakob Truchsess von Waldburg-Zeil-Wurzach, jedoch das Geld aus. Für ein auf den ersten Blick beeindruckendes Treppenhaus hat's gerade noch gereicht. Dass das Geländer aus Holz ist, hört man nur durch Draufklopfen, ansonsten sieht es wie Marmor aus. Durch einen Trick gelang es dem Architekten, den Eindruck zu erschaffen, dies sei ein siebengeschossiges Treppenhaus. Tatsächlich sind es aber nur vier Stockwerke. Der Rest schon wieder Bluff durch Zwischengeschosse. Genauso wie die nur aufgemalten Balustraden, Illusionsfenster und ein Absatz, der ins Nichts führt. Schade, dass alle Bauakten verloren gegangen sind. So bleibt es auf immer ein Geheimnis, wer diese grandiosen, genialen Täuschungen erfunden hat. Natürlich hat die Amtskirche auch damals Aberglaube verurteilt. Und trotzdem gibt es bis heute noch Menschen in Oberschwaben, die irgendwelche Schutzzeichen gegen den Teufel im Portemonnaie herumtragen. Man weiß ja nie.
Das bäuerliche Leben im Barock war in Oberschwaben karg. Sehr karg sogar! Umso besser funktionierte die Illusion, manche nennen es sogar religiöses Kasperletheater. Wie das wirkliche Leben war, das dokumentiert das Bauernmuseum in Wolfegg.

Fahr mal hin

Wer wissen möchte, wie Barock schmeckt, dem wird im „Gasthof Adler" in Bad Waldsee-Gaisbeuren auf Vorbestellung ein barockes Menü serviert. Viel Gewürze in allem, auch viel Zucker und ziemlich alles zu Brei gestampft. Hatte auch einen Grund: Die Zähne der Menschen waren schlecht, ab 30 war fast jeder zahnlos. Auch die Adligen und der Klerus.

◀ Das Deckengemälde im Bad Wurzacher Schloss fasziniert durch die genialen Täuschungen – der gebaute Raum setzt sich in der Malerei fort. Ein Spiel der Illusion, wie es das Barock liebte.

◣ Ein riesiges Schloss aus dem frühen 18. Jahrhundert mit stattlicher Auffahrt im ältesten Moorheilbad des Landes. Inzwischen wird Schloss Bad Wurzach gerne zum Heiraten und für andere Großereignisse genutzt, dient aber auch als Tagungsort für Seminare.

▲ Gibt es noch jemanden, der sie nie gesehen oder von ihr gehört hat? Von der schönsten Dorfkirche der Welt? Steinhausen, an der Oberschwäbischen Barockstraße gelegen, hat sie. Über Besuchermangel kann dieses Kleinod nicht klagen.

Von Ravensburg
nach Biberach

Wo das Glück zuhause ist

Fahr mal hin

So kommt man hin
Mit der Bahn:
Über Ulm nach Biberach oder Ravensburg.

Mit dem Auto:
Von Ulm die B 30 nach Biberach und Ravensburg.

Wenn Glück die Zeitspanne zwischen zwei Wimpernschlägen ist, wie kann es dann sein, dass in Oberschwaben das Glück sogar zuhause ist? Eine Spurensuche ab Ravensburg nach Biberach/Riß. Fußend auf einer bundesweiten Studie, die genau zu diesem Schluss kam: Oberschwaben, das ist die Region mit den glücklichsten Menschen.

Sind es in Ravensburg die vielen Türme, die Schutz und Sicherheit vermitteln? Oder die zahllosen kleinen Läden, in überschaubaren Gassen, die Geborgenheit schenken? Oder ummantelt die Landschaft mit ihren zarten Schwüngen und ihrer großen Vielfalt das gute Lebensgefühl?

Der Mehlsack ist das Ravensburger Wahrzeichen. Hoch und weiß. Und Mehlsack heißt auch eine Dudelsackgruppe. Alle, von der Grundschule an, pfeifen auf ein Ziel hin: das Rutenfest! Das Fest der Feste in Ravensburg. Zu Beginn der Sommerferien. Fünf Tage Festlaune.

Im Mittelalter war Ravensburg ein wichtiger Handelsort. Im Humpis-Quartier zeigt sich dies jedem Besucher, auch Einheimische pilgern gern dorthin, in die Oberstadt. Schließlich haben engagierte Ravensburger mit Geld und Zeit dafür gesorgt, dass dieses Wahrzeichen noch zu sehen ist. Sieben Gebäude um einen Innenhof, ein Ensemble, das die Kaufleute Humpis im 15. Jahrhundert geschaffen hatten.

Vielleicht hat Glück auch was mit Schrott zu tun. Zu dieser These kommt Jürgen Bretzinger, ein bundesweit bekannter Filmregisseur, für den Schrott und Schönheit kein Widerspruch sind. Daher sucht er auf Schrottplätzen Motive für seine Filme und findet darin auch Momente des Glücklichseins.

Manche – und das wäre allen Menschen zu wünschen – finden ihr Glück in dem, was sie tun. Wie Bäcker Müller im Ortsteil Schmalegg, der große Brötchen backt, selbstverständlich in Bioqualität, gerne auch Seelen. Diese langen Dinger aus Dinkelmehl mit Salz und Kümmel, eine Spezialität, die inzwischen auch außerhalb Oberschwabens gebacken wird.

Ein weiteres Markenzeichen Ravensburgs sind seine Spiele. Eine Spaßfabrik mit Produkten für alle Altersschichten.

▾ Ravensburg ist die Stadt der Türme und Tore und auch der Gassen. Denn die Altstadt prägt nicht nur eine fast 1000-jährige Geschichte, sie ist auch Treffpunkt in Cafés, Kneipen und Geschäften.

◀ Der Mehlsack, der weiße Turm im Vordergrund, ist das Wahrzeichen von Ravensburg. Seine Farbgebung und Form hat ihm den Namen gegeben.

Und dann ist daneben Weingarten. Die Basilika. Das Ziel beim jährlichen Blutritt. Er findet jedes Jahr am Freitag nach Christi Himmelfahrt statt. Zigtausende schauen der größten Reiterprozession Europas zu, erwarten den Segen des
Heiligen Blutes für Haus und Hof. Ein fast 1000-jähriges Ritual. Machen Tradi-
tionen glücklich, sind sie Haltepunkte in der immer schneller werdenden Welt?
Ganz sicher hält jeder inne, der das Innere der mächtigen Basilika betritt. Dieser riesige Reliquienschrein aus Stein, Stuck und Marmor mit einer Kuppel-
höhe von 67 Metern und einer Länge von 102 Metern ist halb so groß wie sein
Vorbild, der Petersdom in Rom, und dennoch das größte barocke Bauwerk nördlich der Alpen.

Weiter in Richtung Ulm, mitten im Wald eine Art Glückstanke bei Bad Waldsee:
Der Kletterpark Tannenbühl, an den ein Tierpark grenzt. Wilde Natur und geführte Bewegung. Zieht offenbar magisch an.

▲ Manfred Müller war der erste Bäcker weit
und breit, der nur noch Biomehl verbacken hat.
Das ist für ihn nicht nur ein Qualitäts-, sondern
auch ein Heimatkriterium. Ohne Zusatzstoffe,
so schmecken die Seelen nach Schmalegg.

▲ Glasüberdacht: Der Innenhof des Museum
Humpis-Quartier. Der Gebäudekomplex erin-
nert an die erfolgreiche Kaufmannsfamilie
Humpis.

◀ Die Basilika St. Martin in Weingarten ist ein
Abbild des Peterdoms in Rom, allerdings nur
halb so groß, weshalb sie auch „Schwäbisch
St. Peter" genannt wird. Seit 2010 ist das Benediktinerkloster geschlossen, weil es keinen
mönchischen Nachwuchs gibt. Der alljährliche
Blutritt, Europas größte Reiterprozession, bleibt
aber als Tradition erhalten.

Das Kurstädtchen Bad Waldsee scheint Hektik nicht zu kennen. Die Glücklichen, fühlen Großstadtmenschen beim Besuch. Ein auf gotisch getrimmtes Spitalhaus, ein Schloss in Privatbesitz und etwas versteckt, wieder im Wald, die schwäbische Bauernschule. Hört sich leicht verschnarcht an, stimmt aber nicht. Denn die Pädagogik, die Landmenschen dort gelehrt wird, ist auf der Höhe der Zeit.

Das gilt auch für die Kulinarik. Erst recht, seit pfiffige Menschen die „Land-Zunge" gegründet haben. Über 70 Gasthöfe bekennen sich zu der klaren Haltung: Nur das Beste kommt auf den Tisch, aus der Region, wir können das. Von diesem Gedanken haben sich auch Großküchen und Kantinen anstecken lassen: „VitalZunge" heißt der zweite Zweig mit derselben Idee. Gutes Essen macht glücklich, dafür braucht's keine Statistik. Gesund hält es obendrein.

Auf dem Weg nach Biberach liegt die Kirche St. Peter und Paul in Steinhausen, „die schönste Dorfkirche der Welt" (siehe hierzu: „Zwischen Himmel und Erde – Auf der Oberschwäbischen Barockstraße"). Dieser Abstecher muss sein, sogar für Atheisten. Der Pfarrer kann sich über Besuchermangel nicht beklagen. Die einen wollen Rokoko bestaunen, die anderen führt der Jakobswegs schnurstracks dorthin, weitere wallfahren und andere kommen immer wieder, weil sie in Steinhausen geheiratet haben.

Zusammen ist man weniger allein. Wer diese Erfahrung schon als Kind macht, hat einen anderen Bodensatz in der Seele als andere. Biberacher Kinder können

▲ Bad Waldsee liegt zwischen zwei Seen. Rund 20 000 Einwohner, eine große Fußgängerzone und viel zum Anschauen bietet das Kurstädtchen im Kreis Ravensburg.

davon auf ihrem Abenteuerspielplatz am Stadtrand nicht genug kriegen. Was sind Computerspiele und Fernsehen langweilig im Vergleich zum Nahsehen der Wirklichkeit mit Brettern, aus denen sie einen Unterschlupf bauen.

Zukunft made in Biberach, das ist selbstverständlich für die über 30000 Einwohner. Schließlich operieren von hier aus Weltfirmen wie Liebherr, Vollmer oder Boehringer Ingelheim. Gleich Pharmazeutische Biotechnologie zu studieren, auch um Alterskrankheiten wie Alzheimer und Parkinson den Garaus zu machen, das ist seit 2006 möglich an der Hochschule Biberach.

High Tech mit alten Werten zu verbinden, scheint auch glücklich zu machen. Die Simultankirche Sankt Martin ist ein Gotteshaus für Katholiken wie Protestanten seit 1548. Ein strenges Reglement regelt Putzordnung, Strom und Zeit.

▲ Auf dem Biberacher Marktplatz gibt es bis heute noch zweimal in der Woche einen Markt. Im 17. Jahrhundert gab es 13 verschiedene Märkte. Heute zeigt stattdessen eine Webcam jedem den Markt, nur nicht von so weit oben wie dieses Bild.

Es muss feste Gewohnheiten geben, heißt es im „Kleinen Prinzen" von Antoine de Saint-Exupéry. Ja, sagen die Biberacher, unser Markt ist so was. Sparsam sein, schon früh die Geschäftswelt und deren Regeln kennen, das erfährt die Jugend hurtig und lernt es auch von Kind an.

Großes Glück hatte das Museum Biberach durch die Tatsache, dass der Bruder Ernst Ludwig Kirchners dort lebte. Daher gibt's hier eine bedeutende Sammlung expressionistischer Kunst. Und obendrein die Münchner Salons der Maler Anton Braith (1836–1905) und Christian Mali (1832–1906). 1906 komplett in der Bayrischen Landeshauptstadt ab- und in Biberach wieder aufgebaut, sind diese wahrhaften Kunststücke vor der ziemlich sicheren Zerstörung des Zweiten Weltkriegs sicher davongekommen. Eine der ganz wenigen erhaltenen Künstlerateliers des 19. Jahrhunderts.

Biberach und das Schützenfest. Der Nationalfeiertag, der neun Tage dauert, bedürfte es eines eigenen Artikels.

Ach ja, was hat eigentlich Biberach mit dem Biber zu tun? Eine Interpretation lautet: der Fluss mit Bibern. Zu sehen heute noch auf Kanaldeckeln oder in einem gewöhnungsbedürftigen Rezept, wie man Biber zu kochen habe.

Oberschwaben, wo das Glück zuhause ist? Vielleicht wie der Biber, der gerne abtaucht, wenn er Menschen sieht.

▼ Das 1746 im Stil des Rokoko gemalte Deckenfresko im Mittelschiff von Sankt Martin in Biberach stammt von Johannes Zick. Er hat sich übrigens dort auch selbst verewigt. Thematisch hat er sein Bildprogramm so angelegt, dass es für beide Konfessionen der Simultankirche – Katholiken wie Protestanten – tragbar ist.

Wangen – Isny – Kempten

Unterwegs im Allgäu

In Wangen bleibt man hangen. Reimt sich. Irgendwie. Und stimmt fürs ganze Allgäu. Wangen liegt nur 20 Kilometer vom Bodensee weg. Und gleichzeitig kann man bei gutem Wetter die Alpen sehen. Im Dreiländereck. Denn auch Österreich und die Schweiz sind nah.

In Wangen bleibt man hangen. Ein denkmalgeschütztes Altstadt-Ensemble. Das soll so bleiben für alle Zeit. Zumindest, wenn es nach den Vorgaben von Johannes Andreas Rauch geht. Dessen Gemälde von 1611 ist für jedes Bauvorhaben zwischen Lindauer Tor und Frauentor (am Ende der Herrenstraße) die strenge Vorgabe. Wer durch diese Herrenstraße bummelt, eine der schönsten Straßen Süddeutschlands, ist erstaunt, dass das überschaubar wirkende Wangen über 27000 Einwohner hat. Und dann noch eine Paradiesstraße. Da muss das Schöne ja den Vorrang haben. Jedem Besucher fallen sofort die bemalten Fassaden auf, die Geschichten erzählen. Mehrfach hat's in Wangen gebrannt, das letzte Mal 1858. Und trotzdem ist ein Spaziergang durch Wangen eine Zeitreise vom frühen Mittelalter bis zum späten Barock.

Hinter der barocken Fassade des Rathauses aus der Stauferzeit wartet eine märchenhafte Kulisse für ein Happy-Ending im richtigen Leben. Ein winziges Zimmer mit gotischem Kreuzgewölbe für das große „Ja, ich will", das Trauzimmer im Pfaffenturm.

In Zeiten der Wellness-Bewegung allerorten lohnt sich ein Blick in die Anfänge des Schrubbens und Pflegens und Wohlseins. Gemeint ist das Wangerer Badhaus, eine Badanlage von 1589. Wenn man heute so ein Kreuzgewölbe mit Rundsäulen nochmals bauen wollte, es würde ein Vermögen verschlingen. Kultstatus weit über Wangen hinaus hat der Fidelisbäck. Seit 1505 am Werk. Selten ist sicher auch, dass eine Stadtmauer mitten durch eine Backstube verläuft. Nicht nur Hühner sollen glücklich sein, es lassen sich auch glückliche Brote backen. Eine Voraussetzung neben guten Zutaten ist Zeit. Wer in der Paradiesstraße zuhause ist, lebt ja schon im Vorhof zum Glück.

Mit einem LKW (Leberkäswecken) gestärkt, geht's weiter nach Isny. Knapp 15000 Einwohner groß. Und knapp 20 Kilometer von Wangen weg. Könnte man mit

◀ Wangen gehört zum Kreis Ravensburg, also Oberschwaben, die Region zählt allerdings bereits zum Allgäu.

So kommt man hin
Mit der Bahn:
Über Stuttgart – Ulm bis Aulendorf. Von hier fährt die Regionalbahn bis Wangen.

Mit dem Auto:
Von Ulm auf der A 7 Richtung Kempten. Bei Memmingen auf die A 96 Richtung Lindau, Ausfahrt Wangen.

Wangen liegt an der Allgäuer Käseroute. Das Nationalgericht Käsespätzle schmeckt hier natürlich immer nach Alpenluft und Heu. Nach Allgäu eben.

dem Rad machen. Auf der Westallgäuer Käseroute. Über Eglofs und Eisenharz. Durch eine sanfthügelige Moorlandschaft frische Luft tanken in heilklimatischer Region. Käse für den Heimweg kaufen. Oder für ein spontanes Picknick auf Allgäuer Wiesen, wo auch glückliche Kühe leben.

Isny hat schon Merian, der Urvater der Reiseführer, gezeichnet. Dessen kostbaren Schmöker, eine bibliophile Rarität, kann man in der Predigerbibliothek einsehen. Er zeigt das Paradebeispiel, wie im Mittelalter Städte angelegt wurden. Allerdings in Isny nicht als viereckiger Klassiker, sondern als Oval. Diese Bibliothek ist ein Schatz mit Schriften sogar von Martin Luther. Und, auf ihn abgestimmt, von Ostern bis zum Reformationstag zu besuchen.

Was mag früher in Isny wohl los gewesen sein, wenn es nicht nur einen Knast, sondern gleich dreizehn gab?! Im Wasserturm saßen wohl die besonders schweren Jungs ein.

Isny ist stolz darauf, jährlich 320 Sonnentage auf dem Kalender zu vermerken. Und ist, ähnlich wie Ravensburg, eine Stadt der Tore und Türme. Das Espantor

▲ Ob bei Nacht oder bei Tag, Wangen hat schon mehrfach als Kulisse für Spielfilme gedient.

▼ Richtig professionell eine Winterhütte aus Schnee zu bauen, das bieten immer mehr Allgäu-Gemeinden an. Natürlich mit Übernachtung im Iglu, wie hier in Nesselwang. Und da ist es warm drin!

zum Beispiel springt aus dem klassischen Viereck heraus, es hat einen asymmetrischen Grundriss. Isny war über den Leinwandhandel reich geworden. An der Appretur sind noch die Holzgerüste, die zum Trocknen der Leinwände dienten. Friedrich Hechelmann ist hier geboren, der Künstler, der so berühmte Kinderbücher wie „Momo" von Michael Ende oder „Tintenherz" von Cornelia Funke illustriert.

Der Steuerzahlerbrunnen, eines der jüngsten Kunstwerke Isnys (2008), stammt vom Bildhauer Leo Wirth und spricht wohl jedem aus dem Herzen, ob Bürger oder Besucher.

▼ Isny, die einstige freie Reichsstadt, liegt an der Oberschwäbischen Barockstraße im württembergischen Allgäu.

Nun könnte man mit der Postkutsche drei Tage lang ganz gemütlich und vergnügt nach Ochsenhausen reisen. Oder mit dem Zug weiter nach Kempten, ökologisch korrekt.

Kempten liegt schon im Freistaat, aber in schwäbisch Bayern. Ist mit über 60 000 Einwohnern um ein Vielfaches größer als Isny. Und hat eine 2000-jährige Stadtgeschichte. Im archäologischen Park Cambodunum lässt sich auf römischen Spuren wandeln mit in Römerkluft verkleideten Stadtführern.

Seit 2010 führen vom St. Mang-Platz 23 Stufen in die Unterwelt. Wann immer nämlich in Kempten gegraben oder umgebaut wird, finden sich neue Relikte wie die Erasmuskapelle. Dort dicht erzählte 800 Jahre. Von der katholischen Kapelle zur Trinkstube mit Weinkeller nach der Reformation, der im Zweiten Weltkrieg ein Bunker wurde. In das begehbare Geschichtsbuch passen allerdings auf einmal nur 30 Menschen hinein, also bitte anmelden bei der Tourist Information. Dieser Ort ist ein Beispiel dafür, wie sich die Protestanten und die Katholiken im Mittelalter bis aufs Messer bekämpft haben. Die Unterstadt, evangelisch, gehörte zum Reich. Die Oberstadt, streng katholisch, zur Kirche. Jahrhunderte lang teilte der Glauben die Stadt an der Iller.

Im Fürststift, dem ehemaligen Benediktinerkloster, residieren heute Staatsanwaltschaft und Gerichte, die Kirche St. Lorenz ist für die Katholiken.

Claude Dornier, der Flugzeugbauer, und Ignaz Kiechle, Politiker und ehemaliger Bundeslandwirtschaftsminister, kamen hier auf die Welt. Und ein Kommissar namens Kluftinger. Den haben sich zwar Michael Kober und Volker Klüpfel nur ausgedacht. Doch die Erfindung ist für Tatort-Liebhaber mit einer speziellen Kri-

▲ Wintersport ist nicht nur Abfahrt, sondern wie hier auf einer der zahllosen Langlaufloipen eine Möglichkeit, mal mit der Zeit zu gehen, statt gegen sie anzukämpfen.

◤ Die Römer nannten Kempten Cambodunum, folgerichtig heißt der archäologische Park auch so. In diesen Rekonstruktionen sind auch kleine Thermen zu besichtigen, die die römische Badekultur veranschaulichen.

▼ Vom St. Mang-Platz in Kempten führen 23 Stufen in die Unterwelt. Die katholische Erasmuskapelle wurde nach der Reformation zur Trinkstube mit Weinkeller, im Zweiten Weltkrieg ein Bunker. Heute ist sie als Schauraum zu besichtigen.

mifführung im Kempten verknüpft. „Liegt ein Toter in der Gülle, ist es aus mit der Idylle", so klamaukig wirbt Kempten für seinen Kluftinger, der selbstredend jeden Fall löst. Und da sein Leibgericht Kässpatzen sind, ist auch klar, dass am Ende eines jeden kriminalistischen Stadtrundgangs der Käse-Klassiker samt Salat und einem Bier zum Abschluss parat stehen.

▲ Das Fürststift Kempten ist ein ehemaliges Benediktinerkloster, das im 8. Jahrhundert gegründet wurde. Von schwedischen Truppen im Dreißigjährigen Krieg niedergebrannt, wurde es ab 1651 als erste monumentale Barock-klosteranlage Deutschlands neu errichtet.

Oberrhein und Schwarzwald

Markgräflerland

Wo die Sonne liebkost

Heutzutage sucht jeder nach Superlativen und Alleinstellungsmerkmalen. Das Markgräflerland braucht dies nicht zu suchen, es hat es, und zwar mit einem Wein, der nur hier angebaut werden darf: dem Gutedel. Man kann sich fürchterlich blamieren, wenn man in einer anderen Weinbauregion wie im Kaiserstuhl einen Gutedel bestellen möchte.

Der Gutedel gilt als älteste Rebsorte der Welt. Seine Spuren reichen ins alte Ägypten zurück. Ins Land gebracht hat ihn allerdings erst 1780 der Namensgeber dieser Region, Markgraf Karl Friedrich, aus dem schweizerischen Vevey. Dort heißt er Fendant.

Über die burgundische Pforte strömt schon früh im Jahr warme Luft in die Oberrheinische Tiefebene ein. Daher auch das milde Klima.

Das Kronjuwel des Markgräflerlandes ist Schloss Bürgeln, luftig in 700 Metern Höhe gelegen und zur Gemeinde Schliengen gehörend. Der leicht wirkende Rokokobau aus dem 18. Jahrhundert ist ein idealer Ort für Sommerkonzerte und immer gut für einen weiten Blick ins Land und bis rüber zu den Vogesen.

Weltberühmt ist Badenweiler. Und die Cassiopeia-Therme – ein Ort für Adlige, Reiche und Schöne. Ein Ort für Dichter wie Anton Tschechow, der seiner Schwester in einem Brief vorschwärmte: „Wenn Du wüsstest, wie die Sonne hier ist – sie brennt nicht, sie liebkost." Daran hat sich nichts geändert. Das Heilklima hatten schon die Römer entdeckt. So lange ist das Thermalwasser schon zum Kuren bekannt. Die Architektur des Kuppelbades hat den deutschen Stahlbaupreis bekommen. Eine gelungene Komposition aus Licht und Wasser.

Fahr mal hin

So kommt man hin

Mit der Bahn:

Ab Freiburg/Breisgau mit Regionalzug nach Müllheim (Baden), mit Busverbindung nach Badenweiler.

Mit dem Auto:

A 5 Karlsruhe–Basel, Ausfahrt Müllheim-Neuenburg-Badenweiler, dann die Landesstraße nach Müllheim. Von dort nach Badenweiler.

◄ Die Burgruine Rötteln schaut auf Lörrach herunter. In der Knechtstube kann man sich ganz offiziell trauen lassen. Wenn man mutig ist und den Namen der Stube nicht als Programm der Ehe versteht.

Von Schloss Bürgeln blickt man mit etwas Glück bis zu den Vogesen.

Dieses südliche Licht malt die Landschaft immer wieder anders. Und irgendwie immer wieder neu.

Ein paar Kilometer weiter, bei Buggingen, begegnet man der Betberger Kirche. Sie ist Tag und Nacht geöffnet und wohl das älteste Gotteshaus im Markgräflerland. Erstmals wird sie im Jahr 789 in einer Quelle erwähnt. Daran angekoppelt ist ein Einkehrhaus, in dem man findet, was heute rar geworden ist: Stille. Und Glaube. Und Kraft.

Weiter geht es zum Malteserschloss in Heitersheim. Das Malteserkreuz ist im Stadtwappen verewigt. Schließlich hatte der Orden im 15. Jahrhundert seinen Sitz ins Markgräflerland verlegt. Heute ist es für die Barmherzigen Schwestern vom Heiligen Vinzenz von Paul die Heimat im Alter.

Auf gleicher Höhe liegt der jüdische Friedhof in Sulzburg aus dem 16. Jahrhundert, wohl der schönste in Baden-Württemberg. Es ist ein Ort für die Ewigkeit, denn nach jüdischem Glauben bleiben alle Gräber für immer. Die Grabsteine erzählen noch vom jüdischen Leben, von jüdischer Kultur in Baden und von der verlorenen Heimat.

In Laufen bei Sulzburg dreht sich seit über 80 Jahren alles ums Schwelgen, Blühen und Schwärmen, und zwar insbesondere in der Staudengärtnerei der Gräfin von Zeppelin. In diese gelebte Gärtnerei kommen viele nur zum Staunen. Dabei ist das ganz im Sinne der Besitzer, die bewusst altmodisch sind, viel von Hand machen und Atmosphäre schaffen.

Zwischen den wie hingetupft wirkenden Winzerdörfern baut sich die Burg Staufen auf.

▸ Historiker vermuten, dass die Römer ihre Siedlung, die sie ab 75 n.Chr. hier errichteten, Aquae Villae („Wasserstadt") genannt haben.

▲ Das im 18. Jahrhundert erbaute Schloss Bürgeln ist das ganze Jahr geöffnet. Wie alle Burgen und Schlösser erlebte es viele Besitzer, Brände, Anbauten und Verkäufe, bis sich 1920 Einheimische zusammenschlossen, um das verfallende Anwesen zu erhalten. Das tun sie heute noch.

▾ Die ältesten Grabsteine des jüdischen Friedhofs in Sulzburg stammen aus dem Jahr 1731. Die Grabstätten sind umrahmt von Weinbergen, der klassischen Kulisse im Markgräflerland. Seit 1970 erinnert ein Mahnmal an die Opfer der Shoa.

Der Genussgott hat an so ziemlich alles gedacht. Es fehlt eigentlich nur das Meer. Dafür gibt's ersatzweise die Altrheinarme, seit der Rheinbegradigung durch den Ingenieur Johann Gottfried Tulla (1770–1828) ein Überbleibsel, das sich im gemütlichen Takt des Markgräfler Wesens schlängeln darf und mit Kanus auch zu bepaddeln ist.

Ein Mal retour in Richtung Müllheim. Da liegt der gefühlte Mittelpunkt dieser Region. Weinberge bis zum Horizont, 1700 Sonnenstunden jährlich, da freuen sich Weiß- wie Rotweine.

In Müllheim heißt es stets am: letzten Juniwochenende „Antreten!", und zwar zum Müllheimer Stadtfest. Auch andere Orte haben haben solche Weinfeste, aber nicht den Exportschlager: den Küferchor!

Der bundesweit bekannte Cartoonist Peter Gaymann hat's formuliert, treffender geht's nicht: „Dieses Land kannste wirklich nie leersaufen."

Burg Staufen liegt auf einem Weinberg, unweit des Städtchens Staufen, das bereits zum Breisgau gehört. Als die Schweden im Dreißigjährigen Krieg die Burg zerstörten, war sie bereits nicht mehr bewohnt und das Geschlecht der Staufen ausgestorben.

Der Kaiserstuhl

Die Sonneninsel in Baden

In der Weinlage Leiselheimer Gestühl steht ein überdimensionaler Stuhl – der Kaiserstuhl. Ein Hinweis auf die Namensgebung dieser Region: Kaiser Otto III. (980–1002) soll hier mal Gericht gehalten haben. Eine Region, die weder Schwarzwald noch Vogesen, sondern etwas Eigenes ist, mit vulkanischem Ursprung.

Und heute, weit über 1000 Jahre später? Da fällt zuerst, neben den unzähligen Weinbergen, der Dialekt auf. Klingt so schweizerdeutsch. Oder doch eher elsässisch? Beides stimmt, denn der Kaiserstuhl wurde im Dreißigjährigen Krieg ziemlich niedergemacht. Nur wenige Familien überlebten. Die Region wurde anschließend neu besiedelt, von Schweizern und Elsässern. Die wallfahren auch zum traditionellen St. Pantalius-Fest im Juli zur kleinen Kapelle zwischen Nieder- und Oberrotweil. In der Pfarrkirche Sankt Michael gibt es Freskenmalerei aus dem 14. Jahrhundert und die älteste Orgel des Breisgaus.

Dieser überschaubare Landstrich ist die wärmste Region in Deutschland. Den Titel „sonnenreichste Region" führen inzwischen eher die Inseln Juist oder Hiddensee. Das ändert aber rein gar nichts daran, was der Kaiserstuhl alles bietet zwischen Breisach und Burg Sponeck, zwischen Endingen und Bötzingen. Und nach Freiburg sind es keine 20 Kilometer.

Bienenfresser, Gottesanbeterin und Smaragdeidechse sind Stars im vielfältigen Angebot seltener Tiere, die aus dem Mittelmeerraum stammen und die Trockenwiesen wie auf dem Badberg lieben und zum Überleben brauchen. Über 700 Schmetterlingsarten und 1400 verschiedene Käfer tummeln sich im Kaiserstuhl. Der Badberg ist ein Dorado auch für ganz seltene Orchideen. Berauschend ihre Blütezeit im Frühjahr. Überhaupt, die Kaiserstühler werben mit ihrem Naturgarten, der schon manchmal Anleihen beim Paradies genommen zu haben scheint.

Mittendrin Vogtsburg mit sieben Teilorten, die zusammen die größte Weinbaugemeinde Deutschlands bilden. Bei Achkarren wachsen Flaumeichen, die aufgrund der Klimaerwärmung sich vielleicht weiter ausdehnen. Um Bickensohl herum führt ein Lösshohlwegpfad, nicht ganz sieben Kilometer lang mit selte-

So kommt man hin
Mit der Bahn:
Ab Freiburg/Breisgau mit Regionalzug und Regionalbus.

Mit dem Auto:
Von der A 5 Karlsruhe-Basel abzweigen.

Der Marienbrunnen am Endinger Marktplatz: Die Kleinstadt hat nicht mal 10 000 Einwohner, aber drei Rathäuser und viele Gässchen. Es sieht sich als Tor zum Kaiserstuhl.

◀ Im Kaiserstuhl dominieren die Weinberge, teils künstlich durch Flurbereinigungen terrassiert, teils natürlich belassen.

Rotweinkuchen

Einen Rührteig herstellen aus zimmerwarmen Zutaten, dann wird der Kuchen richtig locker!

Sie benötigen: 150 g Butter, 80 g Zucker, 3 Eier, 1 Päckchen Vanillezucker, je einen Teelöffel Backpulver, Zimt und Kakao, 100 g geriebene Bitterschokolade, 200 g Mehl sowie 1/8 Liter Rotwein.

Den Teig im Backofen bei 200 Grad (Umluft 175 °C) circa 40 bis 45 Minuten backen. Nach dem Erkalten einen Guss aus 200 g Puderzucker und 30 g bitterem Kakao mit Rotwein anrühren. Nicht zu dünn und nicht zu dick. Mit Gefühl und Augenmaß. Dann wird's was. (Das Rezept stammt von Beate Wiedemann aus Oberrotweil im Kaiserstuhl.)

nen Biotopen. Der Löss ist auch einer der Zauberstoffe neben den Mineralien im Boden, der die Weine so besonders macht. Schließlich ist der Kaiserstuhl in derselben Weinbauzone kategorisiert wie das Loire-Tal oder die Champagne. Müßig, einen Wein besonders herauszustellen. Auch wenn eine Lage, die Oberbergener Bassgeige, sogar in Hamburg oder London einen Namen hat. Burkheim ist ein malerischer Ort mit Nachtwächter und der Besonderheit, dass unterm Pflaster eine Wein-Pipeline verläuft. Oberrotweil ist mit über 1600 Einwohnern die größte Gemeinde. Von dort geht's hinauf auf die Mondhalde auf dem Weinbau- und Heilpflanzenpfad. Eine Tafel kennzeichnet alle Orte und Berge, die auf dem Plateau mit 360 Grad Rundumsicht zu erkennen sind. Da liegen die flurbereinigten Terrassen neben den gewachsenen, die wesentlich mühseliger zu bewirtschaften sind.

Königschaffhausen ist das Kirschendorf, das jährlich eine Kirschenkönigin wählt. Und eine alte Ölmühle von 1822 besitzt. Schließlich hat Napoleon überall im Kaiserstuhl zahllose Walnussbäume pflanzen lassen; die wachsen schnell, er wollte Gewehrkolben aus dem Holz machen. Der Rest ist Geschichte. Immerhin braucht es für ein Liter Walnussöl über zwei Kilo Nüsse. Die zu knacken, übernehmen oft die Großeltern in den Familienbetrieben, eine zeitintensive Beschäftigung.

In Eichstetten befindet sich übrigens die größte Biolandfläche des Landes. Schon vor der Wiederentdeckung des ökologischen Landbaus haben Eichstätter Bauern Mitte der 1950er-Jahre beschlossen, die Chemie konsequent zu meiden.

Die Eichgasse in Bickensohl, heute ein Ortsteil der Stadt Vogtsburg, ist inzwischen die größte Löss-Hohlgasse im Land. Flurbereinigungen haben viele dieser Naturdenkmale vernichtet. Lössgassen sind durch Regenauswaschungen und durch die jahrhundertelange Nutzung durch den Menschen entstanden.

Stattdessen bewahren und zeigen sie, speziell auch Kindern, im Samengarten alte Kaiserstühler Pflanzensorten. Es ist schlichtweg unmöglich, einen speziellen Gastro-Tipp zu geben. Einfach ausprobieren. Und in jedem Dorf die Einheimischen fragen. Sicher ist: Lukullus würde hier Urlaub machen, und sein griechischer Freund Bacchus ist hier sowieso zuhause.

Der Ausblick vom Badberg auf die Weinberge wirkt in manchen Lichtstimmungen übernatürlich schön, als wäre ein Modellbauer am Werk gewesen. Kein Wunder, dass manche sagen, der Herr habe hier besonders seine schützende Hand drüber gehalten.

Frisch und zauberhaft wirkt Königschaffhausen zur Kirschblütenzeit. Das ist meist so Ende April, wenn alle Menschen begierig auf Farben sind. Wein wächst hier natürlich auch.

Freiburg im Breisgau

Von Zähringer bis Zukunft

Warum kommen jedes Jahr über drei Millionen Touristen in die Stadt? Warum verklären alle, die in Freiburg studiert haben, den Ort bis zu ihrem Lebensende? Und warum ist Freiburg die Ökohauptstadt Deutschlands? Hier nun der Versuch einer Klärung.

Von Schönem kann man nicht genug bekommen. Und Freiburg ist schön. Und groß genug, um genügend Abwechslung zu bieten, andererseits auch klein genug, um den Überblick zu wahren. Es zählt etwas mehr als 200 000 Einwohner, davon um die 30 000 Studierende. Wie in jeder Universitätsstadt – Freiburg gehört zu den ältesten, die Uni wurde 1457 gegründet – bringt der jährliche neue Zustrom von Jugendlichen zum jeweiligen Semesterbeginn Menschen aus aller Welt in die Stadt. Und damit die Bereitschaft, sich oder etwas zu verändern.

Zwar wurde Freiburg im Zweiten Weltkrieg massiv zerstört, vom Bahnhof bis zum Münster lag alles in Schutt und Asche, doch der Stadt ist der Wiederaufbau geglückt. Die Innenstadt ist autofrei, dafür voll mit Fahrrädern und durchzogen von den weltberühmten Bächle. Hauptamtliche Bächleputzer, das gibt's auch nur hier. Die Bächle, heute ein Touristengag, versorgten im Mittelalter die Stadt mit Brauch- und Löschwasser. Im Sommer sind sie wunderbar, um Füße oder Getränke darin zu kühlen.

Wer durchs Schwabentor die Altstadt betritt, wird sich wundern. Schwaben, in Baden? Ja, dahinter steckt folgende Legende: Ein Schwabe wollte einst Freiburg kaufen und kam, wie er glaubte, mit einem Karren voller Geld daher; doch seine Frau hatte ihm stattdessen Steine und Kiesel in den Karren gesteckt. Das war's dann auch gewesen mit dem Kauf der Stadt.

Links begegnet dem Besucher das Gasthaus „Zum Roten Bären", das neben zwei weiteren um den Titel als Deutschlands ältestes Gasthaus ringt. Sicher ist, dass die Anfänge dieses Hauses bis ins 12. Jahrhundert zurückreichen. Rechts ab geht's dann in die Konviktstraße, die Studierende gerne Konfliktstraße nennen; es gibt dort, aber nicht nur dort, einfach zu viele käufliche Versuchungen, von Schuhen über Klamotten bis hin zu Antiquitäten.

◄ Wer im Freiburger Münster irgendwie auch Anklänge an das Basler oder Straßburger Münster entdeckt, hat nicht unrecht, denn beide dienten durchaus als Vorbilder für das badische Gotteshaus.

Fahr *mal hin*

So kommt man hin
Mit der Bahn:
Mit ICE oder IC nach Freiburg/Breisgau.

Mit dem Auto:
A 5 Karlsruhe–Basel, Ausfahrt Freiburg. Oder über die B 31 Titisee-Neustadt.

Der Augustinerplatz hat seinen Namen von einem nicht mehr existenten Augustinerkloster. „Lebt alle wie ein Herz und eine Seele zusammen" hat Augustinus seinen Brüdern als Regel hinterlassen. Eine zeitgemäße Form dessen scheint dieser Platz voller Leben zu sein.

Weiter in Richtung Bertoldsbrunnen, immer entlang den Schienen der Stadt-bahn, erreicht man links das Augustinermuseum, das größte Museum Südba-dens. Der Platz ein beliebter Treffpunkt. Etliche Gassen führen rechts zum Müns-ter, das eigentlich Dom heißen müsste in der Bischofsstadt, eingebürgert hat sich aber die Bezeichnung Münster. Denn schließlich waren es die Bürger Freiburgs, die diesen gotischen Bau finanziert haben. Einmalig ist dessen erster durch-brochener Turm, „der schönste Turm der Christenheit", wie ihn der Kunsthisto-riker Jacob Burckhardt bezeichnete. Akademisch gesehen ist dieser Satz falsch, dennoch hat er sich so durchgesetzt. Ja, dieses Münster mit seinem 116 Meter ho-hen durchbrochenen Turmhelm ist in der Tat etwas Besonderes. Und der Platz drumherum strahlt ein südländisches, buntes Flair aus. Nicht nur wegen des werktäglichen Marktes dort. An sonnigen Tagen – und die hat Freiburg reichlich – leuchten die originalen Glasfenster im Innern besonders. Sie fielen dem schwe-

▸ ▸ Das historische Kaufhaus hat allerhand hinter sich. Anbau, Umbau, Historisierung, Rückbau. Hier war auch vier Jahre, von 1947–51, das Parlament Badens untergebracht.

▸ Außer sonntags ist auf dem Münsterplatz täglich Markt. Auch viele Bauern aus der Um-gebung kommen mit Gemüse und Blümle dorthin. Und die Besucher essen fast alle eine Grillwurst, für Vegetarier gibt's auch was Passendes.

▴ Die Freiburger Innenstadt ist nicht nur Ein-kaufsmeile oder historischer Rundgang, auch die Uni und das Theater liegen dicht an dicht. Und wem es im Sommer zu heiß ist, der geht übers Schwabentor die paar Schritte hinauf zum Grei-feneck Schlössle. Einen Aufzug dahin gibt's auch.

ren Bombenangriff vom 27. November 1944 nicht zum Opfer, weil kluge Menschen sie zuvor entfernt hatten. Dafür war ums Münster bis hinunter zum Hauptbahnhof vieles platt. Der Hochaltar von Hans Baldung Grien, ein Altar von Hans Holbein dem Jüngeren und das knapp drei Meter hohe Triumphkreuz aus Silber sind die herausragenden Kunstwerke im Inneren des Münsters.

Nicht zu übersehen ist das historische Kaufhaus, ziemlich rot getüncht, ein Ort für offizielle Empfänge. Im Haus „Alte Wache" am Münsterplatz schlägt heute das Herz des badischen Weins. Dass am Buntsandstein ständig was kaputt geht, erklärt auch, warum das Münster selten ohne jedes Gerüst zu sehen ist. Einmal Kaiser-Joseph-Straße rauf und runter, die am oberen Ende das zweite noch erhaltene Stadttor, das Martinstor hat, daneben die Markthalle für einen schnellen Imbiss oder einen vitaminreichen Einkauf. Am Bertoldsbrunnen, der der zentrale Umsteigeplatz der Straßenbahnen ist, geht es weiter zum Theater

Die Fischerau und die nächste Straße Gerberau schauen natürlich so verträumt aus, wie Touristen es lieben. Gottlob stinkt es nicht mehr so sakrisch wie damals, als tatsächlich Fischer und Gerber hier noch gearbeitet haben.

Vauban, das ehemalige Viertel der Franzosen, ist nach deren Abzug ein Modellstadtteil geworden. Ökologische Bauweise allerorten: ob Passivhaus, Solarhaus, Wohngenossenschaften – hier zeigt sich geballt der grüne Gedanke der Ökostadt.

und den Universitätsgebäuden. Auf dem Weg in Richtung Bahnhof fällt dann, mitten in einem kleinen Park, das von 1859 bis 1861 erbaute Colombischlössle auf: herrschaftlich, neugotisch, mit Weinstöcken mitten in der Stadt. Schließlich ist Freiburg die Stadt mit der größten Weinbaufläche Deutschlands. Was es alles für Statistiken gibt!

Am Hauptbahnhof zeigt sich baulich, dass Freiburg den Anschluss an die Zukunft nicht verschlafen hat. Heftig umstritten war das nun selbstverständliche Kongresszentrum, das aber zum Dienstleistungsgedanken der Stadt gehört, denn 80 Prozent der Arbeitsplätze sind im Dienstleistungssektor, darunter vor allem an der Universität.

Die Südfassade des Bahnhofsturms besteht fast nur aus Solarzellen. Mit zwei weiteren Hochhäusern eine Mini-Skyline in der Ökostadt. Das wurde Freiburg, als auch brave Bürger gegen das geplante AKW Wyhl demonstrierten, als mit der Bundesgartenschau 1986 eine Ökostation gebaut wurde, die Partei „Die Grünen" ab den 1980ern eine große Gemeinde um sich scharte, Wissenschaft und Wirtschaft in der Ökologie schon früh einen Wachstumsfaktor erkannten und Freiburg sich seit der Expo 2010 in Shanghai „grüne Stadt" nennt.

Freiburger sind gut eingebunden und vernetzt im Dreiländereck, grenzenlos mobil mit dem ÖPNV, dem Öffentlichen Personennahverkehr, der zu einer weiteren Besonderheit führt, dem Hausberg Schauinsland. Mit der längsten Gondelbahn

Mit einem Solarzentrum schuf Freiburg eine Anlaufstelle für alle Themen von regenerativer Energie und effizienter Nutzung von Energie. Das Modell hat Begehrlichkeiten bis nach Kasachstan geschaffen.

Deutschlands erreicht der Besucher den 1284 Meter hohen Berg und wird mit einer grandiosen Aussicht über den Schwarzwald und die Vogesen belohnt. Hier lässt sich die Inversionswetterlage im Herbst und Frühjahr nutzen, um tatsächlich über den Wolken zu stehen, die sich dann wie Sahnehauben über die Täler legen.

Und dann sind da noch der SC Freiburg, der auch nicht Fußballbegeisterte zu Fans machte, da der langjährige Trainer Volker Finke eigentlich Philosoph war, das Vauban- Viertel mit seinen vorbildlich umgebauten Kasernen mit viel Solarenergie, das Zelt-Musik-Festival, kurz ZMF, das im Sommer drei Wochen lang die Stadt prägt, einer der ältesten Kunstvereine, der Ausstellungen in einem ehemaligen Schwimmbad veranstaltet, und ... und ... und. Und als hätten die Freiburger nicht genug zum Gucken, sind sie auch noch bundesweit führend beim Kinobesuch.

Den 1284 Meter hohen Hausberg Schauinsland nehmen ganz Sportliche mit dem Rad, Autofreaks lieben die vielen Serpentinen, und bequem geht's auch mit der Seilbahn hoch. Alle erwartet dasselbe: Grandiose Ausblicke, bis zur Hornisgrinde, zum Eiger und dem Montblanc.

Mythische Orte
am Oberrhein

Dem Himmel nahe

Warum gibt es so viele mythische Orte entlang des Oberrheins? Dort, wo der Rhein zwei Gebirge, die Vogesen vom Schwarzwald, trennt. Dort, wo die Erde immer noch bebt, wenn sich Gesteinsplatten verschieben. Dort, wo Legenden und Sagen im digitalen Zeitalter ihre Renaissance erleben.

„Die erste Station von der Erde zum Himmel" (Johann Peter Hebel), „König der Schwarzwaldberge" (die Einheimischen), „Dom des Sonnengottes" (Gerhard Jung) – dabei meinen alle den einen: den Belchen. Er ist zwar mit 1414 Metern „nur" der vierthöchste Gipfel im Schwarzwald, aber doch etwas Besonderes. Zusammen mit seinen „Kollegen", dem Belchenfluh in der Schweiz und dem Ballon d'Alsace im Elsass, bildet er ein rechtwinkliges Dreieck. Die Kelten nutzten diese Naturerscheinung als Punkte für die Zeitmessung und nannten den Belchen den „Strahlenden". Davon hat er bis heute nichts eingebüßt. Im Gegenteil, schon vor Sonnenaufgang pilgern Menschen hinauf, genießen die Stille, stehen am Kreuz mit 360-Grad-Panoramablick. Stets begleitet sie dabei das Bedürfnis nach Ruhe, der Blick nach innen.

Am Fuße des Belchens liegen das Münstertal und die ehemalige Benediktinerabtei St. Trudpert. Auch dies ist so ein besonderer Ort. Vermutlich war der Namensgeber ein irischer oder schottischer Missionar, der, im Dienst des Glaubens, das Christentum auf dem Kontinent verbreiten wollte. Offenbar stieß er mit seinen Überzeugungen auf wenig Verständnis, denn 607 soll er mit einer Axt erschlagen worden sein. Doch schon bald nach seinem Tod begannen die Menschen, ihn als Heiligen zu verehren.

Was macht bestimmte Orte zu mythischen Stätten? Alle üben einen schwer zu beschreibenden Reiz aus, alle verströmen eine eigenartige Stimmung, alle weisen eine außergewöhnliche Lage auf und alle bieten die Möglichkeit, vorübergehend den Rest der Welt zu vergessen.

◀ Der Belchen wirkt von Ferne wie ein abrasierter Berg. Doch seine Kuppelform hat nicht nur die Poeten hingerissen. Ähnelt diese Gestalt doch irgendwie auch sakralen Dächern.

Fahr *mal hin*

So kommt man hin
Mit der Bahn:
Die wichtigsten Orte werden von Bahnen oder Regionalbussen bedient.

Mit dem Auto:
Anfahrt über die A 5 Karlsruhe–Basel.

Der strahlende Schatz der Todtmooser Wallfahrtskirche ist innen: das Gnadenbild der hilfreichen Mutter über dem Altar. Wer es geschaffen hat, ist nicht bekannt. Vermutlich ein einheimischer Schnitzer.

Natürlich sind es auch die Legenden. Wie etwa jene aus Todtmoos. Dem Priester Theoderich von Rickenbach soll im 13. Jahrhundert die Gottesmutter erschienen sein. Sie soll ihn aufgefordert haben, einen Baum zu fällen und daraus eine Kirche zu bauen. Theoderich befolgte die Anweisungen und schon bald entwickelte sich hier ein Wallfahrtsort. Als dann noch die Pest in Freiburg besiegt war, seien hier noch mehr Wunder geschehen. Die berühmteste Fußwallfahrt bis heute ist die in der Woche vor Pfingsten, wenn Menschen aus dem schweizerischen Hornussen hierher pilgern.

Mythische Orte sind stets Stätten, die einen fast schon magischen Zauber ausstrahlen. So auch die Ermitage Arlesheim bei Basel, seit 1785 der größte englische Landschaftsgarten der Schweiz. Er war immer schon sich selbst überlassen und ist ein Idyll mit romantischen Allüren, mit Grotten, Weihern, Kaskaden und vielen alten Bäumen. Bei einem Spaziergang durch den Garten meint man, man könne Sagen selber machen, aus diesem Stoff mit einem geheimnisvollen Gral, fürchterlichen Drachen und kauzigen Waldbrüdern.

In Breisach zeigt sich am Stephansmünster, dass mythische Orte auch Orte des demonstrativen Glaubens sind. Es erhebt sich auf dem Münsterberg, der durch vulkanische Tätigkeit entstanden und von den Menschen seit 4.000 Jahren besiedelt ist.

⬤ Schon von weitem sichtbar sind die beiden unterschiedlichen Kirchtürme des St. Stephans-Münsters in Breisach. Schon seit der Jungsteinzeit ist das Bergplateau besiedelt. Bemerkenswert sind im Innern Martin Schongauers Triptychon des Jüngsten Gerichts, der hölzerne Lettner und der geschnitzte Hochaltar.

▲ Nicht alle Schätze sind der Säkularisierung zum Opfer gefallen. Die silbergetriebene Büste des Heiligen Landelin befindet sich trotz allen Unbills seit über 500 Jahren in Ettenheimer Kirchenbesitz.

Auf der anderen Rheinseite grüßt das gotische Münster in Thann im Elsass. Alljährlich werden am 30. Juni vor dem Theobaldusmünster drei Tannen in Brand gesetzt. Danach sammeln die Menschen die Holzkohle ein und bewahren sie sorgsam zu Hause auf. Nach alter Überlieferung glauben sie immer noch daran, dass so ihr Haus vor Feuer geschützt wird.

Quellen und Brunnen sind seit Jahrtausenden Orte der Meditation, des Glaubens; so auch auf der deutschen Rheinseite in Ettenheimmünster. Auch hier soll ein Gottesmann, ähnlich wie im Münstertal, den Märtyrertod gestorben sein. Es heißt, heidnische Jäger hätten den Mönch Landelin enthauptet, aus dessen Blut fünf Quellen mit wundersamem Wasser entsprungen sein sollen. Immer am Sonntag nach dem 22. September kommen zahllose Pilger und Reiter zu Landelins Todestag.

Über dem Rhein erhebt sich der Odilienberg, auf den jährlich über eine Million Menschen pilgern. Er ist damit der beliebteste Wallfahrtsberg im Elsass. Auch dazu gibt es eine zeitenüberdauernde Legende: Die Heilige Odilia wurde blind geboren, erlangte aber durch die Taufe mit dreizehn Jahren das Augenlicht. Sie gründete das erste Frauenkloster in den Vogesen.

Um das Kloster herum zieht sich die über zehn Kilometer lange mächtige Heidenmauer. Sie besteht aus tonnenschweren Quadersteinen. Kein Archäologe weiß, wer sie gebaut hat und wann und warum. Solche Rätsel und nicht zu lösenden Geheimnisse bilden den Stoff, aus dem die mythischen Orte entstanden. Und heute, im Zeitalter des Web, in dem Wissen so zugänglich scheint, ist der Zauber aus anderer Zeit offenbar wieder am Wirken.

▲ Die Heilige Odilie ist die Schutzpatronin der Elsässer. Die Terrasse teilen sich Touristen und Pilger. Besondere Wallfahrtstage sind Oster- und Pfingstmontag sowie Mariä Himmelfahrt.

▼ Südwestlich von Straßburg thront in den Mittelvogesen der Odilienberg, 763 Meter hoch. Historische Quellen belegen, dass dieser Berg schon in der Bronzezeit besiedelt war.

Ortenau

Brandstifter und Schnapsideen

Fahr mal hin

Die drei Marken der Ortenau sind Burda in Offenburg, die Bühler Zwetschgen und natürlich der Europa-Park in Rust; ihn kennt jedes Kind.

Die Ortenau ist ein 70 Kilometer langer Landstrich, der, grob gesagt, von Bühl bis Ettenheim reicht. Steil fällt der Schwarzwald hier ab und mündet in Weinbergen und Obstplantagen in der Ebene. Die Produkte liefern den Grundstock für die höchste Schnapsbrennereidichte in der ganzen Republik. Wie das? Die Erklärung liefert ein altes Recht aus Straßburg von 1726, durch das Kardinal Armand Gaston de Rohan allen bäuerlichen Untertanen das Brennen erlaubte. Er wollte, nicht anders als die heutige Politik, natürlich nur eines – Steuergelder kassieren. Sasbachwalden zählt keine 3000 Einwohner und ist trotzdem berühmt. Auch der Gastronomie wegen – da funkeln Sterne. Das Weindorf am Westhang des Schwarzwaldes ist ein Kurort mit denkmalgeschütztem Ortskern. Ein Bus fährt regelmäßig hinauf zum Mummelsee. Der liegt an der ältesten Panoramastraße, der Schwarzwaldhochstraße, im Sommer ein Dorado für Motorradfahrer. Doch dieser Mummelsee in 1036 Metern Höhe ist der höchste Karsee im Schwarzwald, und er steckt voller Geschichten. Eine sagenreiche Gegend eben, mit Nixen, die nach Sonnenuntergang aus dem See steigen. Eduard Mörike hat sich von solchen Legenden inspirieren lassen, nachzulesen in seinem Gedicht „Die Geister am Mummelsee".

Der Mummelsee ist auch ein Rummelsee – und trotzdem Kult. Ab da ist's nur noch ein Stückchen bis zum Höhepunkt der Ortenau – der Hornisgrinde. Hier schwingen sich Leute gern in die Luft. Unerfahrene machen das im Tandem beim Gleitschirmfliegen. Wem das zu luftig ist, dem bietet sich ein Rundumblick vom Hornisgrindenturm an.

Zurück ins Achertal und ein Mal mit der gleichnamigen Bahn fahren. Die Lokomotive ist eigentlich reif fürs Museum, Baujahr 1900, doch Eisenbahnfreunde halten sie auf Trab. Garantiert rußfilterfrei, scheint das ganze Tal zu brennen, wenn sie losdampft. Auf dieser Strecke liegt Kappelrodeck. Die knapp 6000 Einwohner haben ihrer Gemeinde das Attribut „Rotweindorf" gegeben, da ihr Wein, die Hex vom Dasenstein, x-mal Goldmedaillen gewonnen hat. Schnaps-

So kommt man hin

Mit der Bahn:
Von Offenburg aus mit der Regionalbahn bis Achern, Appenweier oder Lahr. Von dort weiter mit Regionalbussen.

Mit dem Auto:
Autobahn A 5 (Frankfurt–Basel) Ausfahrt Offenburg, Achern oder Appenweier.

Wer zur Zeit der Weinlese in die Ortenau fährt, kann sicher sein, dass irgendwo immer ein Weinfest ist. Mit Federweißem oder vergorenem Rebensaft aus den vorangegangenen Jahren.

◀ Zwischen Offenburg und Gengenbach geht's hoch zum Schloss Ortenberg, wo man einen weiten Blick ins Kinzigtal genießt.

dorf würde auch stimmen, denn hier brennen noch 450 Bauern und Nebener-
werbslandwirte. Vor dem Brennen reine Handarbeit. Ob es nun Mirabellen oder
Zibärtle sind, Wildpflaumen, die es nur im Badischen gibt. Sie brennen hier im
Holzofen. Das ist nicht nur ökologisch korrekt, es gibt dem Schnaps auch ein spe-
zielles Aroma.

Nicht weit davon liegt das 20 000 Seelen zählende Oberkirch. Es ist die Heimat
des Dichters von Grimmelshausen, der als Burgverwalter der Ullenburg nach
dem Dreißigjährigen Krieg den *Simplicissimus* geschrieben hat. Ihm ist auch ein
Museum gewidmet.

Nahe Oberkirch liegt Lautenbach, ein Ort, der offenbar einen besonderen Schutz
genießt. Wie sonst wäre erklärbar, dass die Wallfahrtskirche Mariä Krönung all
die Kriege seit dem 15. Jahrhundert unbeschadet überlebt hat? Für die Ortenau
ist sie weit mehr als nur ein Juwel spätgotischer Baukunst; sie wirkt fast schon
heilig und kann jeden berühren.

▸ Ja, die Superlative, jede Region sucht die
ihren. Die Ortenau hat mit dem Europa-Park
den größten Freizeitpark Deutschlands. Knapp
eine Million Quadratmeter nur für Vergnügen
und zum Verwalten des Vergnügens. Millionen
Menschen fahren jedes Jahr dorthin nach Rust.

▲ Das Hochhaus des Burda-Medienkonzerns ist
ein Medienstandort. Deshalb kann jeder dort
via Internet und Webcams Tag und Nacht nach
Norden und Süden schauen. So rückt die Welt
zusammen.

◂ Wenn Schnee liegt, laufen natürlich Skilifte,
Loipen sind gespurt, alles ist fit für den Wintersport. Das eigentlich Schöne sind aber die
bizarren Formen und die Lichtstimmungen
auf der Hornisgrinde. Eisvariationen. Schnee-
gespenster.

Die Badische Weinstraße führt quer durch die Ortenau. Sie passiert Durbach, bekannt auch dank des Schlosses Staufenberg, heute das Weingut des Markgrafen von Baden. Wie oft, so gibt's auch hier eine stürmische Geschichte. Die Zähringer haben die Burg gebaut, französische Marodeure haben sie geplündert, und der Markgraf von Baden ließ dann das Verbliebene zum Schloss ausbauen. Von der Schlossterrasse öffnet sich ein grandioser Blick hin zum Schwarzwald und bis weit in die Rheinebene.

Dringt man noch ein wenig weiter in den Schwarzwald vor, empfangen einen die tosenden Allerheiligen-Wasserfälle nahe Oppenau. Sie gehören zu den größten ihrer Art im Schwarzwald. Über sieben Stufen stürzt der Lierbach fast 90 Meter in die Tiefe.

Wer jetzt Hunger hat, findet garantiert etwas. Denn die Ortenau sammelt nicht nur Weinpreise, sondern auch solche in der Gastronomie. Schließlich ist hier viel Lebensfreude zuhause. Manche kann man sogar verspeisen und – sozusagen – mit sich tragen.

Es wimmelt nur so von Brandstiftern in der Ortenau. Allein 7000 Brennereien ballen sich hier, so viele wie nirgends sonst. Vom Frühjahr bis zum Herbst hat die Natur ständig etwas anderes parat. Ein zauberhafter Dreiklang beherrscht das Landschaftsmosaik: die Ebenen sind fruchtbar wie die Rebhänge, die Berge bewaldet. Dichter jubeln.

Baden-Baden

Die weltberühmte Kleinstadt

Jacques Bénazet (1778–1848), der Spielbankpächter, war der Mann, der den Ruf der Kleinstadt in der ganzen Welt verbreiten ließ. Damals hieß das Städtchen einfach Baden. Erst seit 1931 heißt es Baden-Baden.

Jener Monsieur Bénazet erklärte Baden-Baden zur Sommerhauptstadt Europas. Und sie kamen alle, die Mächtigen der Welt, der Hochadel, die großen Geister aus Kunst und Wissenschaft. Sie wollten das elegante Gesellschaftsbad erleben, denn der wahre Schatz Baden-Badens liegt unter der Erde. Bei den heilkräftigen Quellen aus 2000 Metern Tiefe unter dem Florentinerberg. Auf ihm erhebt sich das Neue Schloss. Schon der römische Kaiser Caracalla liebte die Thermalquellen aus dem Schwarzwälder Urgestein. Neben den römischen Badruinen thront heute das Friedrichsbad, ein Badepalast mit dem Flair der Belle Époque.

Auch wenn manch russischer Literat sich in jenem Spielcasino ruiniert hat, sind die Geschichten darüber in Romane eingeflossen. Irgendwie schließt sich der Kreis mit den Russen inzwischen, denn nach dem Zerfall der Sowjetunion haben sukzessive wieder zahlreiche Russen in die Stadt gefunden. Darunter Geldmagnaten, die sich teure Villen leisten samt edlem Mobiliar.

Die Kur- und Bäderstadt hat zwar den Zweiten Weltkrieg weitgehend ohne Zerstörungen überlebt. Doch das Bädersterben infolge der vielen Versuche mit den Gesundheitsreformen überstand es nicht so gut. Was lag näher, als bewusst auf Kunst zu setzen? Das derzeit größte Opern- und Konzerthaus Deutschlands hat etwas Anlaufzeit gebraucht, bis es sich einen Namen machen konnte. Schneller herumgesprochen hat sich das Museum Frieder Burda, denn gebaut hat es der amerikanische Stararchitekt Richard Meier (siehe auch: „Junge Schachteln und schräge Vögel – Ulm an der Donau", Stadthaus Ulm). Dessen Lebensleitmotto heißt: „Licht ist Leben". Sichtbar auch an diesem Museum, das, wie alle Meier-Häuser, so leicht wirkt. Es fügt sich in der Lichtentaler Allee 8 harmonisch neben die Staatliche Kunsthalle.

Überhaupt, die Lichtentaler Allee: Über 2000 Meter an der Oos entlang, uralte Bäume, Büsten von zum Beispiel Clara Schumann oder Brahms, ein Dahliengarten und viel frische Luft für Jogger, Radler und auch Kutschfahrten. Nicht zu

So kommt man hin
Mit der Bahn:
Fernzüge halten in Baden-Baden/Oos. Von dort mit regelmäßigen Busverbindungen in die Stadtmitte.

Mit dem Auto:
Autobahnanbindung über die A 5 (Karlsruhe–Basel), Ausfahrt Baden-Baden.

Die Lichtentaler Allee reicht vom Goetheplatz beim Theater bis zum Kloster Lichtental. Die Promenade ist umsäumt von einem großen Park, in dem im 19. Jahrhundert schon so exotische Gewächse wie Ginkgobäume gepflanzt wurden.

◀ Ein Mal im Jahr kommen Oldtimer aus ganz Europa nach Baden- Baden zum Concours d'elegance. Die Kulisse vor dem Spielcasino unterstreicht den nostalgischen Chic.

Die Trinkhalle Baden-Baden ist zum Wandeln da. Und zum Wasserprobieren. Man kann sich auch mit den mythischen Gemälden in der Vorhalle auf einen Ausflug in den Schwarzwald einstimmen.

Baden-Baden liegt an der Oos, einem kleinen Bach von 25 Kilometer Länge. Bei Rastatt mündet er in die Murg, die im Rhein endet. Der Name Oos soll auf die Kelten zurückgehen, die mit diesem Wort etwas Helles, Glänzendes bezeichnet haben.

Der Meier-Bau für die Sammlung von Frieder Burda, dem zweiten Sohn von Senator Burda, unterstreicht mit seiner lichten Klarheit die bunte, expressive Sammlung. Sie zählt fast 1000 Bilder, darunter Spätwerke Picassos, der von sich sagte, er habe sehr alt werden müssen, um wieder malen zu können wie ein Kind.

vergessen die Gönneranlage – den Namen hat sie von einem Bürgermeister namens Gönner –, ein symmetrisch angelegter Garten mit zahllosen Rosen. Schließlich wird in Baden-Baden jedes Jahr die schönste Rose neu gekürt.
Die Trinkhalle ist auch so ein Ort, den man einfach gesehen haben muss. Eine Säulenwandelhalle mit auffallender Wandbemalung. In einer Linie zum Kurhaus und zum Casino.
Baden-Badens Altersdurchschnitt liegt bei weit über 60 Jahren. Doch einmal im Jahr platzt die Stadt geradezu vor jungen Leuten. Das SWR 3 New Pop Festival stellt die Stadt fast auf den Kopf. Und selbst im Theater, einem Nachbau der Pariser Oper, rockt es ordentlich.
Gute Schwarzwaldluft gibt es überall. Und besonders auf den umliegenden Hausbergen wie dem Merkur, auf den eine Bergbahn führt, eine der längsten Standseilbahnen Deutschlands. Die nehmen gerne auch Gleitschirmflieger.
Der höchste Punkt der Stadtgemarkung ist der Friedrichsturm. Auf 1002 Metern Höhe bietet er weite Blicke bis in die Vogesen. Und ist auch Ausgangspunkt für Wanderungen.

Baden-Baden, rund 55 000 Einwohner, war im 19. Jahrhundert Sommerhauptstadt Europas (Winterhauptstadt war Paris), und nach dem Zweiten Weltkrieg Hauptquartier der Franzosen. Seit deren Abzug in den 1990er-Jahren wächst das neue Stadtviertel Cité, also: Stadt.

Von Karlsruhe nach Rastatt

Am Oberrhein

„Karlsruhe, die Fächerstadt", fällt jedem gleich zur gern so genannten „Residenz des Rechts" ein. Oder „badisches Beamtenstädtle". Stimmt auch – und auch nicht. Denn seit Markgraf Karl-Wilhelm (1679–1738) die Planstadt erbauen ließ, sind nicht nur rund 300 Jahre vergangen, sondern hat sich trotz der immer noch sichtbaren Grundstruktur viel getan.

Karlsruhe, die junge Großstadt und drittgrößte Stadt in Baden-Württemberg, hat gar keine Butzenscheibenromantik, keine verwinkelten Gässchen, keine mittelalterlichen Fassaden. Dafür hat sie ihren eigenen, zeitgemäßen Charme. Die badische Metropole bezeichnet sich selbst als „Denkfabrik mit Lebensart". Eine treffende Beschreibung für eine Stadt, die 2008 den Bahnhof des Jahres erhielt, weil „Hektik und Orientierungslosigkeit an diesem Bahnhof Fremdworte zu sein scheinen". Es ist die Stadt mit der ältesten technischen Hochschule, einer Eliteuniversität, in der die erste E-Mail auf einem Computer gelandet ist. Eine Stadt, in der die deutsche Version des „Centre Pompidou", das ZKM (Zentrum für Kunst- und Medientechnologie), beheimatet ist, das als weltweit größtes Zentrum für Medienkunst gilt. Es ist ein Mekka nicht nur für Medienfreaks, sondern auch für alle, die zeitgemäße Kunst im Auge und im Sinn haben.

Die Erkundung von Karlsruhe im Schloss zu beginnen, ist ein guter Plan. Darin untergebracht ist das Badische Landesmuseum, so was wie ein Gemischtwarenladen der Menschheitsgeschichte. Von Ägyptern, Persern und Griechen bis hin zu den Badener und einem tatsächlichen Gemischtwarenladen, der aus Sinzheim – nicht zu verwechseln mit Sinsheim – stammt und hier originalgetreu wieder aufgebaut wurde, ist vieles zu begucken. Und weil die Steinzeit bei Kindern gut ankommt, zielt die Museumspädagogik auf die Jungen, die das Alte nachbauen.

Klar sind die Wege in der Stadt. Exakt 1645 Fußplatten weiter residiert die Majolika Manufaktur, deren glasierte Keramik ganz alltagstauglich auch einen Betriebshof der Verkehrsbetriebe ziert. Damals, bei der Gründung 1901 wie heute, steht die Kunst im Mittelpunkt. Damals war es der Jugendstil, anschaulich erkennbar an den Häusern zum Beispiel in der Baischstraße am Kaiserplatz oder in der Oststadt samt Lutherkirche mit Jugendstilanleihen.

◂ Außen historisch, innen modernisiert.
Vom Karlsruher Schloss gehen 32 Strahlen, also Straßen, aus.

Fahr mal hin

So kommt man hin

Mit der Bahn:

Mit dem Fernzug. Im Personennahverkehr fahren die Züge vom Schwarzwald und von bis kurz vor Stuttgart.

Mit dem Auto:

Über die A 5 (Frankfurt–Basel) und die A 8 (Stuttgart). Oder die A 65 aus Ludwigshafen.

Auch Bauhaus-Zeugnisse bietet die Stadt, und zwar in der Dammerstock-Siedlung. Kein geringerer als Walter Gropius hatte bei einer öffentlichen Ausschreibung den Zuschlag für die Bebauung eines Gebiets bekommen, das für Familien mit mittleren bis unteren Einkommen gedacht war.

Doch den „Grundstock" der Stadt, die größte Häufung von Häusern, besser: Anwesen, bilden klassizistische Bauten. Viele waren des Barocks überdrüssig und wandten sich seinem Gegenpol zu, dem Klassizismus. Klare Linien, Säulen wie beim Markgräflichen Palais, die Ästhetik der alten Griechen war im Vormarsch. Und Friedrich Weinbrenner (1766–1826) der Baumeister der Stadt. Auf ihn gehen die Pyramide, das Rathaus und die evangelische Stadtkirche zurück. Dort hat er auch seine ewige Ruhe gefunden.

Karlsruhe ist auch ein Symbol für Demokratie, mit dem Platz der Grundrechte und dem Sitz von Bundesverfassungsgericht und Bundesgerichtshof samt Generalstaatsanwaltschaft. Mit 800 Hektar Grünfläche, Parks, Gärten und Zoo bietet die Badenmetropole ein weitläufiges Rückzugsgebiet. Ein Mal im Jahr, übrigens, findet „Das Fest" in der Klotze statt: Letztere hat nichts mit dem Fernsehen zu tun, sondern ist vielmehr die liebevolle Kurzform der Günther-Klotz-Anlage, so benannt nach dem ehemaligen Oberbürgermeister, auf den der Ausbau dieser Grünfläche und des Flüsschens Alb zurückgehen.

▲ Im Karlsruher Naturkundemuseum gibt's unter anderem Futter für das nicht enden wollende Dino-Fieber, vom Tyrannosaurus Rex über den Nothosaurier bis zum Dimetrodon. Letzteres klingt wie ein Medikament, ist allerdings eine Kammrückenechse, die schon vor den Sauriern unterwegs war.

▶ Das hat auch nicht jeder: Eine Pyramide mitten auf dem Marktplatz. Doch die Karlsruher Pyramide ist so was wie der Grabstein des Stadtgründers, Markgraf Karl Wilhelm. Bis heute sakrosankt, denn ohne die Erlaubnis des Hauses Baden darf niemand in die Pyramide hineingehen.

▶ Von oben ist der Plan der Stadt klar zu sehen. Vom Schloss gehen die Strahlen aus, die dazu führten, dass Karlsruhe „die Fächerstadt" heißt. „Strahlenstadt" passt eigentlich besser, denn Karlsruhe ist eine der wärmsten Städte Deutschlands.

◀ Das Zentrum für Kunst und Medientechnologie (ZKM) arbeitet in Theorie wie Praxis an Technik und Kunst, ist ein Kunststück an und für sich und hat für alle Generationen immer wieder neue Ideen, Erkenntnisse und Ausstellungen. Und das kontinuierlich seit 1997.

Wer sich nach Höhe sehnt, fährt nach Durlach auf den Turmberg. Na ja, nicht richtig hoch, aber hoch genug, um seinen Blick über die Rheinebene und auf die Vogesen schweifen zu lassen. Da Durlach älter als Karlsruhe ist, gibt es hier noch Fachwerkhäuser. Der heute größte Stadtteil war bereits vor Karlsruhe schon selbst Residenzstadt. Und diesen Stolz kann man heute noch spüren. Weiter geht es nun mit dem Rad am Rhein entlang nach Rastatt, der Stadt, die mit einem speziellen Kennzeichen auch diesem Fortbewegungsmittel huldigt: RA-D. Oder mit dem Karlsruher öffentlichen Personennahverkehr, denn kaum eine andere Stadt in Deutschland hat ein so weit verzweigtes Schienennetz. Und trotzdem ist die A 5 eine der staugeplagtesten Autobahnen.

Rastatt also. Barockstadt, Stadt an gleich zwei Flüssen, der Murg und dem Rhein. Hat eigentlich schon jemand gezählt, wie viele Versailles-Nachbauten es allein in Baden-Württemberg gibt? Auch Rastatt besitzt einen. Markgraf Ludwig Wilhelm (1655–1707), besser bekannt als Türkenlouis, beauftragte den Italiener Domenico Rossi mit der Planung. Auch damals war es durchaus üblich, dass Hochwohlgeboren in ein unfertiges Schloss einzogen. Der Markgraf starb jung, mit 52 Jahren, seine Witwe ließ einen deutschen Architekten weiterbauen. Heute teilen sich das Amtsgericht und Museen, darunter das Wehrgeschichtliche Museum, das weitläufige Residenzschloss.

Weil der Hang zu Lustschlössern im Barock ja weit verbreitet war, ließ die Markgräfin mit Schloss Favorite ein solches noch bauen. Im Inneren verschwenderisch ausgestattet, wird das Schloss von einem ehemaligen Lustgarten mit See umgeben. Ein bisschen München in Baden ist der Nachbau der Pagodenburg, ein Teehaus mit Garten.

Und natürlich ist Rastatt mit der Revolution verknüpft; gemeint ist die badische, von 1848/49. Die Erinnerung daran wird gepflegt mit einer eigenen Stadtfüh-

◤ Domenico Egidio Rossi, ein melodiöser Name, war der Baumeister des Rastatter Schlosses. Er hatte vom Markgrafen den Auftrag, irgendwie diesen Sonnenkönig in Frankreich baulich auszustechen. Auf dem Dach übrigens Jupiter, der Blitze gen Straßburg abfeuert.

▲ Lustschloss Favorite, namensgleich mit dem in Ludwigsburg, hat die kunstsinnige Markgräfin Sibylla Augusta von Baden-Baden bauen lassen. Es heißt auch Porzellanschloss, denn erhalten geblieben ist die weltweit größte Sammlung von frühem Meißner Porzellan. Ein Faible für alles Asiatische hatte sie übrigens auch. War Anfang des 18. Jahrhunderts unter den Herrschaften in ganz Europa schon modern.

rung zu 15 Schauplätzen. Schließlich ist die Stadt auch im Badener Lied verewigt („… in Rastatt ist die Festung und das ist Badens Glück …"). Und museale Erinnerungen dazu sind im Schloss versammelt.

Doch Rastatt hat sich nicht der Vergangenheit verschrieben. Viele Arbeitsplätze sind in der Autoindustrie.

Alle zwei Jahre findet hier das größte Straßentheater-Festival Deutschlands statt. Ja, auch hier wie überall, sucht jeder seinen Superlativ, um sich von den andern abzuheben.

Fast 50 000 Bürger hat Rastatt, davon sind fast 40 Prozent Migranten aus über 100 Ländern.

Über die Hälfte der Fläche steht unter Natur- oder Landschaftsschutz. Allem voran die Rheinauen samt WWF-Auen-Institut, das zum KIT (Karlsruher Institut für Technologie) gehört.

Ach ja, Humor haben sie auch, reichlich. Vergleichen sich mit Berlin auf ihren Stadtseiten: „Berlin ist 15 Mal größer. Aber dafür haben wir ein fertiges Stadtschloss. Und sexy sind wir sowieso."

▲ Die Rheinfähre bei Rastatt, in Plittersdorf, ist nicht nur der Übergang nach Frankreich. Auf beiden Seiten schön zum Radeln – oder auch nur zum Sitzen am Ufer und den Schiffen hinterherschauen. Urlaubsgefühle vor der Haustür.

◀ Das, was das tête-à-tête in Rastatt bietet, wird bislang nirgendwo in der Republik überboten: Deutschlands größtes Straßentheater-Festival zeigt Varieté, Tanztheater, Musik, Jonglagen und Pantomime aus vielen Ländern der Welt, rund eine Woche lang.

Wanderungen
im Schwarzwald

Auf alten Routen
und neuen Wegen

Wo anfangen? Und wohin wandern? Einen Tag lang oder mehrere Tage einen Fernwanderweg nehmen? Diese schwierigen Fragen stehen stets am Anfang der Entscheidung. Denn wandern ist im Schwarzwald auf über 24 000 Kilometern ausgewiesenen Wegen möglich. Eine Strecke also, die ein halbes Mal um die Welt reicht.

Und nun? Ein Vorschlag: langsam wandern. Ein Weg bei Triberg hat dies zum Thema gemacht. Kein Kilometerfressen, stattdessen die Uhr zuhause lassen und den Schneckenkompass mitnehmen. Und mit Langsamkeit und Achtsamkeit auf Entdeckungstour gehen. Der Schneckenwanderweg bei Schönwald über die Höhenzüge des Gutachtals lädt ein, der Zeit zu entrinnen.

„Willst du mich messen, so muss ich dich fressen", das soll der Seegeist einst gerufen haben, als zwei Laienforscher endlich wissen wollten, wie tief der Blindensee sei. Sagenhaft reich an Unheimlichem ist er schon, dieser Hochmoorsee. Ein ganzes Ochsengespann soll er verschluckt haben. Bis heute haben die Einheimischen Respekt vor diesem Wasser, Kinder müssen Mutproben bestehen. Der See füllt sich übrigens nur übers Regenwasser: Der harte Granit am Grund verhindert, dass das Wasser abfließt, und trotzdem verlandet er. Pflanzen gewinnen sukzessive die Oberhand. So entstand auch das Moor drum herum. Eine Spur der Zeit, denn das Moor ist über Jahrhunderte ganz langsam gewachsen. Der Schneckenwanderweg führt am See vorbei, dem Naturschutzgebiet, das nur über Stege zu begehen ist. Seitdem hier ein Windrad steht, gibt's Gemecker, denn mit der Stille sei es hier nun vorbei.

Seit 350 Jahren ist der Bartlisbauernhof bei Schönwald in Familienbesitz. Er geht mit der Zeit und ist heute ein Biohof mit Ferienwohnungen. Dabei ist Bio mehr als nur ein Produkt; Bio ist eine Philosophie, die zum Schneckenwandertempo passt. Irgendwie wirtschaften wie die Väter und dennoch technisch auf der Höhe der Zeit sein. Immer mal wieder anhalten, zurückschauen auf das Geleistete und: genießen.

So ein Ort ohne Eile ist auch die Laubwaldkapelle. Man erreicht sie auf dem ab Schonach ausgeschilderten Pfad. Eine Wallfahrtskapelle mitten im Wald und

◀ Mal weg sein. Zum Pilgern auf alten Wegen oder zum Wandern auf neuen.

Fahr
mal hin

So kommt man hin
Mit der Bahn:
Schwarzwaldbahn: Villingen-Schwenningen–Offenburg, Halt: Schönwald.

Mit dem Auto:
Über die A 81 Stuttgart–Singen, Abfahrt bei Villingen-Schwenningen, von dort der Beschilderung nach St. Georgen folgen. B 33 bis Triberg, dann Richtung Schonach, von dort nach Schönwald.
Über die A 5 Karlsruhe–Freiburg, Ausfahrt Offenburg. Der B 33a folgen, dann der B 33 nach Triberg/ Villingen-Schwenningen, in Triberg Richtung Schonach, von dort nach Schönwald.

Auch wenn Hunderttausende jedes Jahr durch den Schwarzwald wandern, so kommt man immer wieder in den Genuss der Stille. Kein Mensch weit und breit, dafür aber Bänkle zum Innehalten und die Ausblicke genießen.

man fragt sich unwillkürlich, wie die Menschen sie einst ohne Hinweisschilder und GPS gefunden haben. Aber sie taten es. Sehr zum Leidwesen des zuständigen Konstanzer Bischofs, der Aberglauben witterte und die religiösen Eiferer zu stoppen versuchte. Doch die Quelle neben der Kapelle soll immer wieder Pilger mit Augenleiden geheilt haben. Da konnte der Bischof wettern wie er wollte, der Glaube war stärker als das Hirtenwort.

Auffällig viele Kapellen gibt es im Schwarzwald. Eine Erklärung hierfür? Wohlhabende Bauern bauten sich selbst eine, da oftmals der nächste Ort von vielen einsamen Höfen zu weit entfernt war. Ein weiterer Grund: Dankbarkeit. Eine der jüngsten Kapellen stammt von 1989 und steht am Hinteren Farnbauernhof. Weil die Dolds immer Glück hatten, denn der Mann fährt Langholz, was ein gefährlicher Job ist.

Orte der Stille sind keineswegs Relikte einer fernen Vergangenheit, auch wenn sie in dieser Gegend gezielt vom Jesuitenorden gegen den wachsenden Protestantismus gefördert wurden. Gerne tragen die kleinen Gotteshäuser den Namen eines Schutzpatrons wie Wendelin. Der ist für die Landwirtschaft zuständig. Schutzheilige sind bis heute irgendwie eine Versicherung für die Bauern, für eine gute Ehe, gesunde Kinder, gesundes Vieh und überhaupt Schutz. Kapellen sind eine Zeitinsel.

▶ Mitten im Wald, zwischen Fichten, Buchen und Tannen, Granitblöcke. Das ist für den Schwarzwald zunächst nicht so außergewöhnlich. Und doch haben Forscher erkannt, dass nicht alle der wie hingeworfen wirkenden Brocken nur Relikte aus der Vorzeit sind; manche dienten vermutlich den Kelten als Wegweiser und ritueller Ort.

▲ Die Hubertuskapelle bei Schönwald im Schwarzwald liegt im Quellgebiet der Gutach und bietet sich für einen knapp 10 Kilometer langen Rundweg an. Der kleine Tümpel davor war früher ein Feuersee für das Gehöft.

Schneckenwandern heißt auch, auf jeder zweiten Bank mal hinsitzen, Wolken zählen, Tannenzapfen sammeln oder auch Tiere füttern. Also sich Zeit nehmen für Dinge, die nicht wichtig erscheinen und es doch sind. Dieser ausgewiesene Weg ist insgesamt 23 Kilometer lang, es gibt auch eine verkürzte Familienstrecke. Und dann bietet Schonach auch noch den Schalensteinpfad an. Wie es sich für den Schwarzwald gehört, sind diese Granitblöcke voller Geheimnisse. Denn sie haben Schalen, als hätten Menschen diese hineingeschlagen. Und immer wieder finden sich dort bis heute kleine Opfergaben. Geologen vermuten hinter diesem Phänomen schlicht Auswaschungen, so genannte Gletschermühlen, oder Erosion durch Einwirkung von Humussäure. Diese entsteht, wenn Moos verrottet. Bis hinauf nach Skandinavien gibt es diese Naturdenkmäler, doch im Schonacher Wald treten sie in einer signifikanten Häufung auf. An diesen Schalensteinen Interessierte gaben den Felsbrocken Namen wie etwa Teufelsritt, Drachenstein oder Hexenfelsen. Manche dieser Schalen sind fast ein Meter lang, andere nur handgroße Näpfchen.

Und sollte den Wanderer ein Hungergefühl überkommen, so kann er auf dem Schanzenberg das Vesper schon vor der Tür riechen. Ein Aroma aus einer bäuerlichen Schatzkammer. Mit Schwarzwälder Schinken, der heißt hier Speck und ist kein schneller Schinken, sondern reift über Monate hinweg. Und wenn dann noch Weißtannenzweige beim Räuchern ins Spiel kommen, werden manchmal sogar Vegetarier schwach.

Überall im mittleren Schwarzwald finden sich Höhenwanderwege. Über das Gutach- und Prechtal ziehen sie von Norden nach Süden. Hier kreuzen sie unter anderem den *Westweg*, den ältesten – und längsten – Fernwanderweg im Schwarzwald. Im Jahr 1900 angelegt, führt er von Pforzheim über 285 Kilometer bis nach Basel.

Das ursprüngliche Leben, die Rückkehr zu den Wurzeln erlebt der Besucher auf einer Zeitreise im Freilichtmuseum Vogtsbauernhof in Gutach. Mit Handwerkern, Mitmachprogrammen und richtigen Bauernhoftieren alter Rassen. Alles Originale, denn die Höfe sind echt, wurden originalgetreu abgebaut und zeigen, wie das richtige Bauernleben in den letzten Jahrhunderten war. Samt Angelusläuten der Kapelle, wie es einst auf den Höfen dreimal am Tag üblich war.

Wie, wird bei dieser Reise nicht die weltgrößte Kuckucksuhr in Schonach erwähnt? Ja, absichtlich, denn die macht ja auch nichts anderes, als die Zeit zu messen. Und passt auch nicht zum Wanderthema „der Zeit entrinnen". Schließlich gibt es Wichtigeres im Leben, als ständig dessen Geschwindigkeit zu erhöhen.

Dieser Hof bei Schönwald wirkt fast schon unwirklich schön. Der Bauerngarten mit Gemüse und Blumen. Der nächste Nachbar nicht in grenznaher Bebauung, also mit Platz ums Haus. Kinoaussichten vor der Haustür.

Wirkt er nicht verwunschen, der als Naturschutzgebiet ausgewiesene Blindensee zwischen Schonach und Schönwald? Der Hochmoorsee liegt am Schneckenwanderweg und kann nur über Bohlenwege und Bohlenstege erreicht werden.

Von Alpirsbach
nach Maulbronn

Die Schwarzwälder
Klosterroute

Der romanische Buntsandsteinbau mitten in Alpirsbach: mächtig, streng und monumental. Das ehemalige Benediktinerkloster, gegründet im 11. Jahrhundert, beherrscht optisch bis heute Alpirsbach. Eine Gemeinde mit knapp 7000 Einwohnern und doch irgendwie in aller Munde. Mönche galten ja schon immer als gute Braumeister, wenngleich keine Quelle beweist, dass die Benediktiner hier je gebraut hatten. Sei's drum. Bier und Kloster sind das, was Touristen hier im Kinzigtal finden. Und Ruhe. Denn schnell ist das Gefühl da, Zeit und Raum zu vergessen, da die innere Struktur des Klosters weitgehend erhalten ist. Das Motto der Mönche, dem Ordensgründer, dem heiligen Benedikt zugeschrieben: „ora et labora" (zu deutsch: bete und arbeite). Auch wenn der Orden in allem Mäßigung vorsah, so haben die Glaubensbrüder im Laufe der Zeit pfiffig manche Fastenregel umgangen. Etwa, indem sie Maultaschen erfanden, die schwäbisch „Herrgottsbscheißerle" heißen, weil im Gemüse Fleisch fein versteckt ist.

Nur 39 Jahre war im Kloster Alpirsbach auch eine Schule. Genau aus dieser Zeit stammt eine Entdeckung unter den Dielen im Dorment, also dem Schlafsaal. Da fand man Kleidung und Briefe der Zöglinge; diese Funde sind im Klostermuseum zu sehen. Historiker bewerten sie als Sensation. Die Klosterkirche nutzen heute die Protestanten. Fast vollständig erhalten ist die Klausur, also der Bereich, den nur die Mönche betreten durften. Das Herzstück darin ist der Kreuzgang, spätgotisch erneuert. Für Kinder gibt es übrigens sehr unterschiedliche und hoch informative Führungen, bei denen auch Erwachsene viel übers Klosterleben erfahren, von Kräutern bis Kutteln.

Rund 60 Kilometer weiter liegt Hirsau, einer der 13 Stadtteile von Calw und die nächste Station auf der rund 100 Kilometer langen Klosterroute. Auch wenn von dieser Benediktinergründung nur noch Ruinen übrig sind, so war Hirsau trotzdem eines der wichtigsten geistigen wie politischen Zentren der Zeit. Damals, im 11. Jahrhundert, war es das größte deutsche Kloster. Mit einer Basilika rund 100 Meter lang. Und das bedeutendste Reformkloster, das die Ideen aus dem burgundischen Cluny umsetzte. Im Investiturstreit zwischen Kaiser und Papst gab

So kommt man hin
Mit dem Auto

Nach Maulbronn: Von der A 81 kommend, Abfahrt Zuffenhausen, dann auf die B 10 Richtung Bruchsal. Von Bruchsal aus kommend auf die B 35, Richtung Stuttgart. Über die A 8 Abfahrt Pforzheim auf die B 10.
Nach Calw: Über die A 81. Höhe Leonberger Dreieck ist in beiden Richtungen Calw ausgeschildert.
Nach Alpirsbach: Über die A 81 Stuttgart Richtung Singen. Alpirsbach ist an der Autobahn angeschrieben.

Das ehemalige Kloster Alpirsbach ist kein totes Gemäuer. Neben Führungen gibt's Angebote für Kinder und Angebote für Erwachsene, sich zu besinnen, zur Ruhe zu kommen, dem Alltag die Tür zu weisen.

◄ Das ehemalige Benediktinerkloster Alpirsbach wurde im 11. Jahrhundert im Stil der Romanik begonnen, der Kreuzgang ist gotisch.

der Hirsauer Abt Wilhelm im späten 11. Jahrhundert maßgeblich den Takt vor. Ähnlich wie das Heidelberger Schloss haben später die Franzosen im pfälzischen Erbfolgekrieg das Kloster niedergebrannt. Übrig blieben die spätgotische Marienkirche und ein paar Wirtschaftsgebäude mit vielen Geschichten. Und die Legende um den verwunschenen Mann im Mond, der immer zu Vollmond zu sehen ist, die soll auch von hier stammen.

Gesichert ist hingegen, dass Hermann Hesse 1877 in Calw auf die Welt gekommen ist. Der Sohn eines Missionars kommt als 14-Jähriger in die Klosterschule Maulbronn. Hesse hält es dort nur sieben Monate aus. Er weiß, Theologe wird er nicht, sondern „entweder Dichter oder gar nichts".

Maulbronn, das ist die beste nördlich der Alpen erhaltene Zisterzienseranlage. Die Zisterzienser waren ein Orden, der aus den reformierten Benediktinern hervorgegangen ist. Maulbronn, das sind 900 Jahre Geschichte von Macht, Mönchen und Pennälern, denn Herzog Christoph von Württemberg (1515–1568)

▸ Im 15. Jahrhundert haben die Klosterherren den Kreuzgang in Alpirsbach umgebaut, eigentlich aufgestockt, damit im Obergeschoss weitere Zellen für die Mönche eingerichtet werden konnten.

▴ Der „Eulenturm", 37 Meter hoch und heute Wahrzeichen Hirsaus, ist einer von zwei Westtürmen der Basilika St. Peter und Paul. Aus rotem Buntsandstein gefertigt, wird er von einem rätselhaften romanischen Fries verziert.

▸ Erst aus der Luft werden die Ausmaße dieses mittelalterlichen Zentrums für Wirtschaft, Politik und Gesellschaft deutlich. Das ehemalige Zisterzienserkloster Maulbronn diente nach der Reformation als Klosterschule.

setzte durch, dass Klöster in Schulen umgewandelt wurden, für protestantische Pfarrer. Seit 1972 dürfen auch Mädchen dorthin.

Maulbronn ist seit 1993 UNESCO-Weltkulturerbe. Ein Wermutstropfen bleibt, dass die Orgel in der Klosterkirche nicht mehr restauriert werden konnte. Dafür imponiert das frühgotische Paradies; so heißt die Vorhalle der Klosterkirche. Wer sie gebaut hat, bleibt ein Geheimnis. Über die Portale haben Bauforscher herausgefunden, dass sie die ältesten datierbaren Deutschlands sind, gefertigt aus Tannenholz mit schmiedeeisernen Beschlägen. Im Innern der Kirche geht das Thema Holz weiter, am Hochaltar: Drei Eichenholz-Reliefs zeigen drei Stationen auf dem Leidensweg Jesu. Auch hier weiß niemand bis heute, ob nicht ursprünglich der ganze Hochaltar geschnitzt war. Auch das Chorgestühl – ein schnitzreiches Werk. Mit lebendig wirkenden Szenen aus der Bibel. Eine Jungfrau mit Einhorn zum Beispiel. Auch Klosterschüler haben sich dort verewigt. Unübersehbar ist das Maulbronner Kruzifix. Sieht aus wie Holz, ist aber aus Stein gehauen.

Im Herrenrefektorium versteht jeder anhand der Größe, warum es dem Kaiser nicht gefallen haben kann, dass Geistliche solche Säle hatten. Sie wirken bis heute königlich, mit ihrer Höhe von über zehn Metern. Das entspricht vier Geschossen eines Mehrfamilienhauses.

Im Klosterhof geht es weiter: der ist halb so groß wie die ganze Anlage. Auch der Fruchtkasten – heute Stadthalle – zeigt, wie reich das Kloster war. Und herrlich bis heute.

▲ Im Maulbronner Brunnenhaus ist die Legende zur Klostergründung verewigt, nämlich als Gewölbemalerei. Hier haben sich die Mönche gewaschen, und hier erhielten sie auch ihre Tonsur.

▼ Das ist auf den ersten Blick sichtbar: historische Gemäuer, sehr gepflegt. Damit hat allerdings der Hauptbesitzer, nämlich die Staatlichen Schlösser und Gärten Baden-Württemberg, auch gut zu tun.

Rhein-Neckar/Franken

Mannheim, Kurpfalz und Schwetzingen

Schlanke Stangen und Quadrate

Fahr mal hin

So kommt man hin

Mit der Bahn:

Mit dem ICE nach Mannheim.
Mit der Regionalbahn nach
Schwetzingen.

Mit dem Auto:

Von Stuttgart aus die A 8 Richtung
Karlsruhe fahren, dann bei Karlsruhe auf die A 5 in Richtung Mannheim.

Wir sind keine Badener, wir sind keine Württemberger, wir sind Kurpfälzer. Bis heute hält sich in der Region um Mannheim dieser Stolz, einfach ein wenig anders zu sein. In der Region um Mannheim-Heidelberg herrscht der kurpfälzische Dialekt, den Joy Fleming mit der berühmten Mannemer Brigg in die Welt gesungen hat. Eine klare Linie, wo die Kurpfalz anfängt und wo sie aufhört, gibt es nicht.

Mannheim ist mit über 300 000 Bürgern die zweitgrößte Stadt Baden-Württembergs, besitzt einen der größten Binnenhäfen Europas und den zweitgrößten Rangierbahnhof Deutschlands. In Mannheim mündet der Neckar in den Rhein. Eine geografische Grundbedingung für den Bau der Stadt.

Überall kennt man oder glaubt man, die Quadrate-Stadt zu kennen, die kein Quadrat ist, sondern – ähnlich Karlsruhe – den Plan einer idealen Stadt verfolgte. Denn die einzelnen Quadrate sind in Hufeisenform angelegt. Und es gibt durchaus Straßennamen. Die klare Planung der Stadt war von ihrem Gründer, Kurfürst Friedrich IV. von der Pfalz (1574–1610), natürlich gewollt; sie sollte sein Schloss und damit dessen Bedeutung als Ausgangspunkt der Stadt betonen.

Die erste Frage lautet natürlich, wie in jeder Stadt: erst bummeln und dann Kultur oder umgekehrt?

Mannheim ist eine Stadt mit Blick nach vorn. Und manchmal einem Blick zurück. Der lohnt sich zum Beispiel beim Schlossbesuch. Vierzig Jahre lang – zwischen 1720 und 1760 – wurde an dieser barocken Residenz gebaut. Sie ist nach Versailles bis heute die zweitgrößte barocke Anlage in ganz Europa. Das allein, neben vielen andern Motiven, ist Grund genug, nach Mannheim zu reisen. 2007 wurde der Wiederaufbau des Gebäudes abgeschlossen, das im Zweiten Weltkrieg nahezu völlig zerstört worden war.

In Mannheim hat das mobile Zeitalter begonnen, mit Erfindungen, deren vorläufiges Ende die global players sind. Karl Drais baute hier das erste Zweirad, Veloziped genannt, Carl Benz das erste Auto, Julius Hatry das erste Raketenflugzeug der Welt.

Was sonst als „Die Räuber" kann Friedrich Schiller bei seinem Mannheimer Denkmal in der Hand halten!s Schließlich fand in der kurpfälzischen Stadt die Uraufführung seines Stücks statt. Die Bronzestatue steht übrigens im Quadrat B3.

◀ Als Mannheim 300 Jahre alt wurde, 1907, wurde diese Jugendstilanlage rund um den Wasserturm gebaut. Und die gärtnerischen Ideen mit Springbrunnen und Grünflächen kamen, wie einst der Spargel, aus Frankreich.

Wer nach Mannheim kommt, spürt sofort, dass die Menschen hier aufge-
schlossen, kontaktfreudig sind und irgendwie auch lässiger als zum Beispiel in
der Landeshauptstadt. Diesen liberalen Geist nutzte schon Friedrich Schiller, der
1782 im Nationaltheater Mannheim der Uraufführung seines Dramas *Die Räuber* beiwohnte.

Wer mal wieder einen originalen Tante-Emma-Laden bestaunen möchte, geht
ins Technoseum (früher Landesmuseum für Technik und Arbeit). Darin kann man
Tage verbummeln. Wer einmal durch alle Etagen geschritten ist, hat auch alle
wichtigen Phasen der Industrialisierung in unserm Land durchlaufen, und zwar
von oben nach unten, denn der Anfang ist oben.

Die Reiss-Engelhorn-Museen sind etwas Besonderes, nicht nur weil mehrere Museen unter mehreren Dächern zusammengefasst sind, sondern vor allem dank
ihrer thematischen Bandbreite, die von Archäologie über Kulturgeschichte im
Museum Zeughaus bis zur Fotografie reicht. Reiss-Engelhorn-Museen – ein
Name in Europa. Im Zeughaus – gelegen übrigens im Planquadrat C 5 –, wird das
Soufflierbuch von Schillers *Räubern* aufbewahrt. Entstanden sind diese Museen aus einer privaten Schenkung.

Jetzt bummeln? Unbedingt. Vielleicht sollte man damit am Friedrichsplatz be-
ginnen, beim 1886 erbauten, 60 m hohen Wasserturm, einem Wahrzeichen
Mannheims. Es gibt allerdings noch eine ganze Menge anderer Wassertürme im
Stadtbereich. Das Halbrund des Friedrichsplatzes säumen Arkadenhäuser mit

◤ Bis Kurfürst Carl Theodor (1724–1799) nach
München umzog, war das Mannheimer Schloss
der Mittelpunkt für schöne Künste und Wissenschaft. Im Inneren können Besucher durch zahlreiche Originale aus der höfischen Zeit den
Glanz, den Prunk und auch die Verschwen-
dungssucht der Fürsten nachvollziehen.

▲ Die Reiss-Engelhorn-Museen, kurz rem, sind
nicht nur der größte Museumskomplex in Süddeutschland. Sie sind auch Forschungszentrum,
in der Vergangenheit wie der Zukunft zuhause.

Bistros, feinen Läden, da geht's schon los. Übrigens, auch Männer finden in Mannheim was. Manche rufen nach dem Bummel nur noch: Mann – heim!

Westlich des Friedrichsplatzes verläuft die Fußgängerzone, der Planken, hin zum Paradeplatz. In dessen Mitte ragt die Grupello-Pyramide auf, die 1711 für Kurfürst Johann Wilhelm geschaffen wurde.

Grünflächen bis runter an den Rhein gibt's reichlich. Der Luisenpark ist der größte, dicht gefolgt vom Schlossgarten, während im Waldpark mit den Auen seltene Vögel nisten. Fast ein Drittel der Stadtfläche wird von landschaftlichen Schutzgebieten eingenommen.

Und da war doch noch was. Richtig, Musik: Die erste Popakademie Deutschlands. Und Musiker, die zu Exportschlagern wurden. Das gilt vor allem für junge Menschen wie Xavier Naidoo und die Söhne Mannheims oder Laith Al-Deen.

Wer in einer Stadt, in der Menschen aus über 180 Nationen leben, nichts zu essen findet, ist selber schuld.

Der Mannheimer Wasserturm am Friedrichsplatz war der erste Wasserturm der Stadt. Und ganz obendrauf thront nicht etwa der griechische Meeresgott Poseidon, sondern dessen Frau Amphitrite.

Die schlanken Stangen wachsen ein paar Kilometer weiter. Schwetzinger Spargel ist weltweit bekannt. Auch ihn verdankt die Region den Kurfürsten. Lukullus und Schwetzinger Meisterschuss sind die Gourmet-Sorten, über die man leicht zum Gourmand werden könnte. Doch Spargel macht ja schlank, wenn da nur nicht die Beilagen wären. Der sandige Boden der Rheinebene ist ideal für das königliche Gewächs. Hier witzelt man, der Spargel sei nicht deshalb königlich, weil ein Kurfürst ihn aus Versailles

Blumepeter und Bloomaulorden

Die Mannheimer haben ihm ein Denkmal gesetzt, dem Blumepeter, der eigentlich Peter Schäfer hieß (1875–1940). Er war ein kleinwüchsiger Mann, ohne Schulbildung, der in den Kneipen der Stadt Blumen verkaufte. Ob er in Wiesloch ein Opfer der Nazi-Euthanasie wurde, können Historiker bis heute nicht sicher sagen.

Der Blumepeter, eine Projektionsfläche für Witze, war geistig behindert. Dass er so etwas wie ein Nationalheld geworden ist samt dem nach ihm benannten Fest, das ist wohl eher einer Verklärung zu verdanken. Denn er steht für Schlagfertigkeit, für die signifikante Kurpfälzer Klugheit, für die Fähigkeit, mit dem Leben klarzukommen und trotz aller Widrigkeiten diesem noch etwas Gutes abzugewinnen können. Eine geschmeidige Form mit der Welt klarzukommen, die ihren Ausdruck sowohl im Dialekt als auch im Bloomaulorden (Blaumaulorden) findet. Letzterer ist ein Abguss des Blumepeter, der zwischen den Beinen hindurchlugt und seinen Hintern zeigt – frech, unkonventionell, ein bisschen unzumutbar. Zunächst war dieser Preis nur ein Fasnachtsorden, inzwischen ist er die höchste bürgerschaftliche Auszeichnung. Und ein Symbol für Mannheim.

einführen ließ, sondern weil man sich vor jeder Stange einzeln beim Stechen verneigen muss.

Das Schwetzinger Schloss war die Sommerresidenz von Kurfürst Carl Theodor, ehe er weiter nach München zog, um 1777 sein bayrisches Erbe anzutreten. Innen erstrahlt das Bauwerk verspielt im Rokoko. Und erst recht während der Schwetzinger Festspiele, die seit 1952 ein Muss für jeden Klassikliebhaber bilden. Dann ist da der Garten – der Schlossgarten! Da verschmelzen französische Ideen von Symmetrie mit englischen Vorlieben für das eher freie Spiel von Büschen, Stauden und Rosen. Ein Refugium, um in Schönheit zu baden. Wasserspiele, Pavillons, Tempel. Überall Rückzugsmöglichkeiten, denn der Kurfürst liebte die Einsamkeit, wie der heutige Mensch ja auch. Schon damals galt der Park als ein Gegenentwurf zur lauten Welt da draußen. Jeder darf heute die kurfürstliche Schöpfung betreten. Der Garten ist gleichsam ein begehbares Gemälde, fast schon überirdisch schön, und das zu allen Jahreszeiten, nicht nur, wenn der Spargel wächst. Kein Wunder, dass sich darin auch gerne Künstler tummeln, zum Malen oder Fotografieren.

Außerdem liegt Schwetzingen gleich an drei touristischen Straßen. Klar, die badische Spargelstraße beginnt hier (und endet – kein Scherz – in Scherzheim), die Burgenstraße setzt sich weiter fort bis nach Prag und die Berta Benz Memorial Route führt nach Pforzheim. Wer hier also außer Spargel nichts findet, dem ist nicht zu helfen.

Er ist der König in Kurpfalz: Vor jedem einzeln muss man sich verneigen. So witzeln Spargelstecher um Schwetzingen herum. Allerdings nur dann, wenn sie nicht gerade schlimme Rückenschmerzen vom ständigen Bücken haben.

Ganz in der Nähe, wo alles anfing mit dem Spargel, nämlich im Schloss, hat man der Spargelfrau auf dem Marktplatz ein Denkmal gesetzt.

⏶ Das Schloss und sein Garten sind immer wieder Garanten für überraschende Entdeckungen. Seit 1952 ist das Schloss auch der Ort für die Schwetzinger Festspiele, ungefähr zur Spargelzeit von Ende April bis Anfang Juni. Und alle zwei Jahre feiert man das Lichterfest, mit Fackeln, Kerzen und Lichtinstallationen.

▶ Was das Schwetzinger Schloss schon alles war: Wasserburg, Jagdschloss, abgebrannt, verwüstet, wieder aufgebaut; so ähnlich erging es auch dem Garten und all den Bauten darin, bis Kurfürst Carl Theodor (1742–1799) mit Interesse und Geld das grüne Schmuckstück anlegen ließ.

167

Ab Bad Wimpfen
bis Heidelberg

Wo Burgen boomen

Gerne brüsten sich Städte mit Superlativen. Bad Wimpfen rühmt sich daher, einst die größte Kaiserpfalz nördlich der Alpen gewesen zu sein. Dabei könnte die knapp 7000 Einwohner zählende Gemeinde auch behaupten, es sei ein einziges Großmuseum. Das stimmt nämlich auch. Fachwerk, alte Steinhäuser, das älteste Fachwerkwohnhaus in ganz Baden- Württemberg von 1266, das jüdische Bethaus von 1580, das Bügeleisenhaus. So könnte man fast Haus für Haus mit Titeln oder Namen aufzählen. Unübersehbar in diesem denkmalgeschützten Ensemble: der Blaue Turm. Über 600 Jahre hat immer ein Türmer darin gewohnt, bis mit Blanca Knodel eine Türmerin kam. Eine Frau, die sich schon als Kind in diesen Turm verknallt hatte und jedem gerne das gute Stück ihrer Begierde zeigt. Ab Bad Wimpfen heißt der Neckar „der Liebliche". Anders als der in der Landeshauptstadt mit Industrie und Hafengelände zugebaute Fluss haben seine Biegungen und Schleifen jedwede optische Verschandelung verhindert. Mit der Folge: Den Anblick dieser Kulturlandschaft finden Touristen zum Niederknien schön und kommen in Scharen, aus aller Welt.

25 Burgen bis Heidelberg, also – rein rechnerisch – alle zweieinhalb Kilometer eine neue. Wie etwa die Burg Guttenberg, ein Stauferrelikt, das seit dem 12. Jahrhundert immer bewohnt und nie zerstört wurde. Das hat Seltenheitswert. Die heutigen Bewohner sind sich auch nicht zu fein, höchstselbst durch die Gemächer zu führen und Geschichten zu erzählen. Wie die über eine botanische Enzyklopädie des Neckarraums. Das gibt's nur hier. Bücher, deren Rücken aus Rinden von Bäumen sind. Im Innern keine Seiten, sondern Holzkästen mit Knospen, Früchten und Blättern des jeweiligen Baums.

Unten am Berg, in Neckarmühlbach, hat man sich längst an die da oben gewöhnt, auch an die schrägen Vögel. Die Falknerei ist nämlich die Sensation. Beim Rittermahl darf jeder ungeniert reinhauen. Rittermahl ist hier so was wie das schamlose Vertilgen ganzer Fleischberge.

Gleich gegenüber der Guttenberg, oberhalb von Gundelsheim, thront ein veritables Schloss mit Weinberg namens Himmelreich. Was will man mehr? Im Schloss Horneck gibt's ein Museum zur Geschichte Siebenbürgens.

◄ Die beiden weißen Rundtürme am Heidelberger Brückentor sind mit ihren 28 Metern Höhe unübersehbar.

Fahr
mal hin

So kommt man hin
Mit der Bahn:
Bad Wimpfen liegt an der Strecke 706 Heilbronn–Heidelberg über Sinsheim. Oder man nimmt die S-Bahn ab Mannheim den Neckar entlang bis Bad Wimpfen.

Mit dem Auto:
Von der A 6 (E 50) Mannheim–Heilbronn, von der A 81 (E 41) Stuttgart–Heilbronnn, am Weinsberger Kreuz auf die A 6 Richtung Mannheim.

In Bad Wimpfen sind vom großen Saal der Kaiserpfalz noch die Säulen übrig geblieben, romanisch, unterschiedlich gestaltet. Herrlich schön, wenn nicht im Durchblick hinten eine Zuckerfabrik stünde.

Bad Wimpfen, die ehemalige Stauferpfalz, mit ihrem bis Japan bekannten Blauen Turm, wirkt wie ein begehbares Museum. Fast 150 Jahre lang, bis 1945, war Bad Wimpfen eine hessische Exklave.

Im Himmelreich ums Eck war im Mittelalter eher immer wieder die Hölle los. Wiederholt wurde die Burg Hornberg geplündert. In der Burg oberhalb Neckarzimmerns hat jahrzehntelang Götz von Berlichingen gewohnt. Heute gibt's einen nach ihm benannten Wein und ein im Vergleich zu Götzens Zeiten bequemes Hotel.

Zu so vielen Burgen braucht's natürlich auch Legenden. Oder Sagen wie die um die Minneburg bei Neunkirchen-Neckarkatzenbach.

In Burg Dauchstein bei Binau lebt mit ihrem Mann Cosima Jawurek. Noch so eine, die sich in einen Turm verliebt hat. Sie hat den Turm bewohnbar gemacht und hält Hof an Tagen der offenen Tür. Jeder versteht allerdings sofort, wie beschwerlich das Leben in so einem alten Gemäuer ist, und sieht einen weiteren Makel: das AKW Obrigheim. Ist aber seit 2005 nicht mehr am Netz.

Das Rittermahl ist lange her. Zeit für eine hoheitsvolle Torte? Die wartet in Eberbach im Café Viktoria. Sahneberge mit Weltruhm, denn vor über vierzig Jahren hat der Konditormeister der Queen eine seiner kalorisch wertvollen Werke geschickt und damit die bürgerliche Nachfrage gestärkt.

Bad Wimpfen liegt auf dem Neckartalradweg. Bis Mannheim sind es von hier aus 120 Kilometer. Eine sehr reizvolle und burgenreiche Strecke entlang des Neckars, der sich durch dieses Tal schlängelt und krümmt.

Neckarsteinach hat keine 4000 Einwohner und vier Burgen. Es liegt 15 Kilometer weg von Heidelberg, gehört aber schon zu Hessen. Drei der Burgen heißen eher einfallslos Vorder-, Mittel- und Hinterburg, nur das Küken hat einen Kosenamen: Schwalbennest. Passt, sieht nämlich ziemlich an den Hang geklebt aus.

Konrad von Horneck, Namensgeber der Burg, war ein Deutschordensritter. Zum Einstand bei den Kreuzrittern hat er seine Burg verschenkt. Heute ist in Schloss Horneck ein Museum zur Geschichte Siebenbürgens.

Weltberühmte Rennboote entstehen in der Stadt mit vier Türmen und einer mittelalterlichen Befestigungsanlage auch. An der Neckarpromenade, an der es sich schön schlendern lässt, ist auch die Anlegestelle für Schiffe nach Heidelberg. Denn ab hier stehen Burgen Spalier, vom Wasser aus meist gut zu sehen. Der Knaller sind Burgen-Vierlinge in Neckarsteinach. Mit so einfallsreichen Namen: Vorder-, Mittel- und Hinterburg. Wenigstens die letzte, hinter Bäumen versteckt, heißt etwas origineller Schwalbennest.

Und dann hinter den letzten Bergen, gleich ums Eck, wartet, ohne sieben Zwerge, dafür mit Tausenden von Japanern zum Abschluss eine Stadt mit Schloss: Heidelberg. Das Schloss, das eine weltberühmte Ruine ist mit viel Platz für Romantik. Für salbungsvolle Dichterworte und natürlich die unumgängliche Geschichte des Zwergen Perkeo, eine Verballhornung der italienischen Worte „perché no", warum nicht. Der Südtiroler Hofnarr Perkeo – ein Abbild steht im Schloss vis-à-vis des riesigen Holzfasses – ein trinkfester Mann. Nie ein Gläschen abgelehnt. „Perché no" wurde ihm zum Verhängnis. Denn der Legende nach ist er genau an diesem letzten Glas gestorben. Es soll ein Glas Wasser gewesen sein. Bei den Hygieneverhältnissen Mitte des 18. Jahrhunderts vielleicht gar nicht so abwegig.

◤ Vom unteren Neckartal sagen manche, es begänne in Stuttgart, andere behaupten in Heilbronn. Fakt allerdings ist sein Ende, nämlich kurz hinter Heidelberg, bei Mannheim, dort, wo der Neckar in den Rhein mündet. Es ist das Tal des Weins und der Burgen.

▲ Die Hauptstraße Heidelbergs: Das darf man ganz wörtlich nehmen, sie ist nämlich die längste Fußgängerzone Europas, 1,6 Kilometer lang. Und da drängen sich dann Abgesandte aus allen Kontinenten Jahr für Jahr durch, die Touristen, die Souvenirs und das Schloss sehen wollen.

Im Friedrichsbau hängt die Ahnengalerie. Da jeder Besitzer immer wieder angebaut hat, heißen die einzelnen Schlossgebäude auch nach den Herrschern. Der gläserne Saalbau, mit venezianischem Spiegelglas ausgeschlagen, stammt von Kurfürst Friedrich II.

Der Ottheinrichsbau – der erste Renaissance-Palast in Deutschland. Das Herrentafelstubenhaus ziert ein besonders hübscher Erker. Der Ruprechtsbau ist die älteste erhaltene Ruine des Gesamtkomplexes. Der englische Bau hat seinen Namen mal von einer Frau, denn Kurfürst Friedrich V. war mit Elisabeth Stuart verheiratet, Tochter des englischen Königs. In der Nacht wirkt das Elisabethentor im Schlossgarten besonders romantisch. Am Ludwigsbau ist noch die kurpfälzische Wappentafel zu sehen; ein dreigeschossiger Bau um ein Treppenhaus herum. Weil die Geschichte des Schlosses von Anfang an über die Hochzeit bis zur Zerstörung im pfälzischen Erbfolgekrieg und nachfolgender Romantisierung bis heute so umfangreich und detailverliebt ist, hilft in diesem Falle wieder nur eins: Fahr mal hin!

Auch Ungeübte erkennen bei dieser Flugansicht sofort: Das muss Heidelberg sein. An der Alten Brücke und der Heiliggeistkirche mitten auf dem Marktplatz.

Im Südlichen Odenwald

Winterhauch und Fohlenstille

Um dreiviertel elf, also um 22.45 Uhr, läutet in Mosbach täglich das „Lumbaglöggle", die Lumpenglocke. So eine gibt es im Land auch noch in Konstanz und Überlingen. Früher üblicherweise ein Zeichen der Sperrstunde oder die Aufforderung, die Stadttore zu schließen. In Mosbach hingegen hat sie den Namen einer Sage zu verdanken. Einer Sage um Johanna, der Frau des Pfalzgrafen Otto I. (1390–1461), die bei einer Jagd ihrem Hund statt den anderen gefolgt sei. Und sich verirrte. Der Hund war im Glück, denn er hatte einen Hirsch gerissen – und Johanna sich verlaufen. Man bedenke, in welchem Jahrhundert! Ihre Ehrbarkeit war berührt: des nächtens ohne Gatten unterwegs! Da ließ Otto selbige Glocke läuten, unablässig. Der Ton sollte seine Frau nach Hause geleiten. Und tatsächlich, um Viertel vor elf war sie wieder da. Schöne Geschichte. Zeitlich allerdings ein klein wenig verrutscht, denn in Wirklichkeit wurde diese Glocke erst 14 Jahre nach Johannas Tod gegossen.

Der Marktplatz in Mosbach ist so, wie man sich einen Marktplatz im Bilderbuch vorstellt. Fachwerkhaus an Fachwerkhaus, besonders schön das Palm'sche Haus. Mit einem Neidkopf, der böse Geister abwehren soll. Ein alter Brauch der Kelten. Das Schloss liegt recht versteckt, ist auch nur noch ein Schlössle, was von ihm übrig ist. Dabei war es für die Heidelberger Kurfürsten immer wieder ein Ausweichquartier. Immer dann, wenn ansteckende Krankheiten grassierten. Neben einer ganzen Reihe von Sehenswürdigkeiten hier noch eine, das Tempelhaus. Eine mehrstöckige Kirche, die auf die Johanniter zurückgeht. Das zweitälteste Gebäude der Stadt und die einzige verbürgte Johanniterburg im ganzen Land. Das älteste ist die Burg Lohrbach, die allerdings in Privatbesitz ist.

Weiter am Neckar Richtung Eberbach zur Margarethenschlucht, die mal mit, mal ohne „h" geschrieben wird. Der Flursbach fällt stufenweise in die Tiefe, über 110 Meter, und ist damit einer der größten Wasserfälle Deutschlands. Irgendwie recht unbemerkt. Die Natur darf hier machen, was sie will, und der Mensch darin wandern, gutes Schuhwerk ist zu empfehlen.

Aus der Luft am ehesten und besten zu sehen ist der ältere Neckar-Odenwald-Limes. Seine Strecke verläuft von Wörth Richtung Bad Wimpfen. Das Kleinkastell

So kommt man hin
Mit der Bahn:
Ab Mannheim führt die Regionalbahn über Heidelberg, Eberbach nach Mosbach, hält an jedem auch kleineren Ort im Neckartal. Die Orte um den Katzenbuckel herum erreicht man nur per Auto oder per Fahrrad.

Mit dem Auto:
Die A 5 von Richtung Karlsruhe kommend, Ausfahrt Sinsheim weiter Richtung Mosbach/Neckargemünd/Eberbach.
Die A 81 von Stuttgart kommend, Ausfahrt Osterburken weiter Richtung Adelsheim/Buchen; von Würzburg kommend, Ausfahrt Tauberbischofsheim weiter Richtung Walldürn.

◀ Der Marktplatz in Mosbach wirkt, als wäre er nur dazu gemacht, Touristen wie Einheimische täglich zu verzücken. Dabei sind die Fachwerkbauten echt und alt.

◀ Das Mosbacher Schloss geht auf die Pfalzgrafen zurück. Sein romantisches Flair hat es aber erst durch einen Umbau im 19. Jahrhundert erhalten.

Robern ist allerdings auch für Nichtarchäologen im Wald bei Robern zu finden. Solche Kastelle und Wehrtürme sind der Grund, weshalb überhaupt Limes-Verläufe nachzuvollziehen sind.

Die Landschaft am Fuße des Katzenbuckels heißt Winterhauch. Klingt poetisch, ist faktisch aber eher kühl. Dabei spuckte vor 60 Millionen Jahre mal Lava aus seinem Innern. Im Winterhauch ist noch nie ein reicher Mann gestorben, heißt es. Im 19. Jahrhundert ein einziges Notstandsgebiet und heute für Großstadtflüchter und Landpomeranzen eine grüne Lunge.

Und hier gibt es seit 1959 die größte Stutenmilchfarm Deutschlands. In Waldbrunn-Mülben. Über 300 Pferde. 50 000 Liter Milch geben die Stuten her, der Rest ist für ihre Fohlen. Die werden von den Müttern am Tag getrennt. Wenn dann alle Fohlen ihre Mütter wieder gefunden haben, herrscht schlagartig eine Stille, die man nie mehr vergisst.

◤ Im Bauland, also im östlichen Odenwald, kann man Kunst erradeln. Auf 77 Kilometern steht Kunst am Wegrand, ein Projekt, das sogar von der Europäischen Union unterstützt wurde.

▾ Die Stutenfarm in Waldbrunn-Mülben ist im größeren Umkreis etwas Ungewöhnliches. Über 300 Pferde tummeln sich hier auf den Weiden. Die Milch der Stuten ist für Allergikerkinder eine Alternative. Das Hofgut ist übrigens ein Demeter-Betrieb.

◀ Die etwa 110 Meter tiefe Margarethenschlucht bei Neckargerach ist mindestens so poetisch wie ihr Name. Allerdings ein wildes, wenngleich romantisches Gebiet. Ein Wasserfall und rechts und links von ihm geht es steil hinauf. Mit Stöckelschuhen ist der Anstieg nicht zu schaffen und wäre auch gefährlich.

▼ Erst Anfang der 1970er-Jahre wurde bei Sprengarbeiten in einem Steinbruch dieses Naturwunder in Buchen zutage gefördert. Die etwa 600 Meter lange Tropfsteinhöhle steckt voller Geheimnisse und Schönheit. Dieses natürliche Kunstwerk im Bild heißt Hochzeitstorte.

Wer's ganz einsam möchte, sollte Oberhöllgrund unter der Woche besuchen. Fünf Häuser mit neun Einwohnern. Ja, das gibt's. Mitten drin der Mühlengasthof. Ein Mal die Woche backt Rainer Holzner noch sein Holzofenbrot.

Wer die höllisch enge Straße wieder gut hinter sich gebracht hat, sollte unbedingt noch nach Osterburken ins Römermuseum. Da sind die Schätze aus vielen Jahren Buddelei.

Die Zukunft hat der Südliche Odenwald nicht verschlafen. Im Bauland ist Windkraft eine der Säulen des Energiekonzepts Neckar-Odenwald-Kreis. Er will zu einer Vorzeigeregion alternativer Energien werden. So wie inzwischen der politische Wind steht, kann das wohl gelingen.

Schwäbisch Hall und Hohenlohe

Mit Eigensinn zum Erfolg

Das Gebiet um die Hauptstadt Hohenlohes, Schwäbisch Hall, heißt gerne auch Land der Burgen und Schlösser. Die da oben und wir hier unten. Vielleicht hat sich aus diesem topografischen Gefälle ein eigensinniges Wesen der Einheimischen entwickelt. Vielleicht war die Tatsache, dass man nicht so leicht jeden Winkel erreicht, für diesen Charakterzug mitverantwortlich. Vielleicht war dies auch der Schlüssel zum heutigen Erfolg. Denn dieser Landstrich ist voll mit heimlichen und bekannten Weltmarktführern im Bereich Wirtschaft. Und auch kulinarisch eine Region, die fein auf der Zunge zergeht.

Mittendrin liegt also Schwäbisch Hall mit seinen gut 35 000 Einwohnern. Die Kulisse am Kocher hat Filmcharakter, als hätte ein Bühnenbildner sie geschaffen. Ein beeindruckender Marktplatz und die Treppe von St. Michael, die seit 1925 bespielt wird. Ein wagemutiger Akt, jedes Jahr aufs Neue, mit Schleppen und Roben auf den Stufen nicht zu stolpern, und zugleich eine Herausforderung für jeden Regisseur wie Schauspieler.

Der Marktplatz ist leicht zu finden und ein idealer Ausgangspunkt, um die Stadt zu erkunden. Auffallend die architektonische Vielfalt, nicht nur um den Marktplatz herum, der romanische und gotische Eindrücke verbreitet. Durch einen schlimmen Stadtbrand 1728 wurde zwar manches vernichtet, es entstand aber auch Neues, so auch das Rokoko-Haus Nummer 10. Es wirkt sehr großbürgerlich und zeugt einmal mehr vom Wohlstand der einstigen Salzsiederstadt. In der Oberen Herrngasse hat 1844 für kurze Zeit auch der Dichter Eduard Mörike gelebt. An der höchsten Stelle der Altstadt ragt seit 500 Jahren der Neubau auf, der eigentlich ein Altbau ist, ein mächtiges Speicherhaus, innen modern entkernt. In der Unteren Herrngasse Nr. 2 steht das älteste Haller Haus; Experten haben die Entstehung dieses Fachwerkbaus auf 1288 geschätzt.

In der Katharinenvorstadt lässt sich der Kocher auf dem Roten Steg bedacht überqueren. In diesem Stadtteil befindet sich die Kunsthalle Würth, eine Gründung von Reinhold Würth, seines Zeichens Schraubenmacher und Mäzen. Neu neben Alt, das verträgt sich in Hall. Ein weiteres Beispiel dafür ist die Katharinenkirche, die älteste am Platz, mit einem Stilmix von Romanik bis 1960er-Jahre.

So kommt man hin
Mit der Bahn:
Mit Regionalzügen von Stuttgart nach Schwäbisch Hall. Mit Regionalzügen nach Bad Mergentheim.

Mit dem Auto:
Von Stuttgart kommend über die A 81 nach Bad Mergentheim, nach Schwäbisch Hall bei Heilbronn auf die A 6 abzweigen.

Das Schwäbisch-Hällische Landschwein, das vor dem Aussterben gerettet wurde, ist berühmt für seine Fleischqualität. Wegen seines Aussehens – schwarzer Kopf und heller Körper – wird es gern auch „Mohrenköpfle" genannt. Politisch korrekt ist dieser Begriff natürlich nicht.

◀ Bei jeder Aufführung auf der Haller Treppe plagt Schauspieler wie Zuschauer die Frage: Hält das Wetter? Kenner haben stets einen Schirm dabei.

1924 endete die Salzproduktion der Stadt. An diese jahrhundertelange Tradition erinnern jährlich ein Fest und täglich das Solebad.

Wer nun Hunger hat, hat auch die Wahl unter mehr als 70 gastronomischen Betrieben. Nicht nur mit Schwäbisch-Hällischem Schwein, das seine ganz eigene Erfolgsgeschichte erzählt. Sondern auch mit vielen Bioprodukten. Schließlich hat die Region die höchste Dichte an zertifizierten Biohöfen.

Also, nun raus aufs Land oder auf den „Balkon Hohenlohes", nämlich nach Waldenburg. Nicht ohne die Großcomburg zu besuchen und wenigstens ein Mal um den kompletten Wehrgang zu gehen. Kleincomburg liegt auf dem anderen Hügel. Weiter geht die Tour über Michelfeld und Kloster Gnadental. Letzteres ein

▸ Die Kunsthalle Würth in Schwäbisch Hall ist bereits das zweite Sammlungshaus des Mäzens und Unternehmers Reinhold Würth. Außen eine gelungene Architektur des dänischen Architekten Henning Larsen, innen moderne Kunst.

▴ Irma Oettinger aus Hardthausen-Gochsen hat einen solchen Narren an der britischen Königin gefressen, dass sie Elisabeth II. ein Museums-Café gewidmet hat. Hunderte von Fotos und Erinnerungsstücken, hunderttausende Zeitungsausschnitte: Ein echter Fan.

handarbeitlich entstehen. Klingt einfach, selbstverständlich und irgendwie logisch, ist aber trotzdem etwas sehr Seltenes geworden. Denn bereits das Heumachen, mit dem die Kühe im Winter gefüttert werden, ist eine Kunst für sich. Und wetterabhängig obendrein. Die Kühe sind keine Turbomilchmaschinen, das heißt jedes Tier produziert weniger Milch als bei konventioneller Viehhaltung. Das schlägt sich in der Qualität nieder, keine Frage, aber auch im Preis. Gleichzeitig fördert jeder Käsekäufer genau diese artgerechte Tierhaltung, wenn er diesen Käse kauft. Den gibt es inzwischen auch auf Wochenmärkten oder in Fein- und Naturkostläden.

Wer mal beim Käsemachen zuschauen will, kann dies tun, und zwar in der Galerie im Gasthof Ochsen im Käsedorf. Dann wundert sich niemand mehr, dass diese Käse allesamt ausgezeichnet sind. Preise über Preise, die Wertschätzung für diese bäuerlichen Familienbetriebe. Wem danach nach Süßem gelüstet, wird auch geholfen.

Dorfkäserei Geifertshofen

Handgemacht, aus Heumilch, von Bioland- und Demeter-Bauern, das ist ein Käse! Schmeckt nach wilden Blumen und glücklichen Kühen samt zufriedenen Machern.
Ein Käse, der sich Zeit nehmen darf. Bis zu 18 Monaten Reifezeit. Es sind seltene Kunstwerke, die in Geifertshofen

ehemaliges Zisterzienserkloster, wurde im 16. Jahrhundert ein Gestüt, dann eine Münzstätte und später Spital.

100 Stufen sind es dann in Waldenburg bis hinauf auf den Lachnersturm, wo man den Blick frei hinaus übers hügelige Land schweifen lassen kann. Das bis heute auch landwirtschaftlich geprägte Gebiet zeichnet sich durch eine hohe Artenvielfalt aus und Schmetterlingsliebhaber können mit ganz viel Glück sogar den Großen Schillerfalter sehen. Selbst rar gewordene Orchideen wachsen dort.

Gerne wirbt die Region mit dem Slogan, sie sei ein Genießerland. Schon 1988 schlossen sich Landwirte zur Bäuerlichen Erzeugergemeinschaft zusammen. Ihr Ziel kommt Genießern gerade recht, nämlich wertvolles Fleisch ohne Medikamente oder Stress für die Tiere herzustellen. Ein Knaller unter den alten Rassen wurde das Schwäbisch-Hällische Landschwein, eine Rasse, die es hier seit König Wilhelm I. von Württemberg gab, aber fast ausgestorben war und deren Zucht nun mit Erfolg wiederbelebt wurde. So wie das Bœuf de Hohenlohe, das einst sogar in Pariser Kreisen für seine Zartheit und den vorzüglichen Geschmack ge-

◀ Schloss Langenburg liegt hoch über dem Jagsttal und wird heute noch von der Familie Hohenlohe-Langenburg bewohnt. Ein Teil der Residenz ist zu besichtigen. Ganz romantisch rahmt der Rosengarten das Schlosscafé ein.

◀ Waldenburg liegt auf der Höhe, daher auch der Begriff „Balkon Hohenlohe". In den letzten Tagen des Zweiten Weltkriegs wurde der Altstadtkern massiv zerstört. Daran erinnert der Phönixbrunnen in der Ortsmitte.

rühmt wurde, das nun zurück im Limpurger Land ist. Nicht anders verhält es sich mit der Hohenloher Landgans und dem Lamm aus Hohenlohe-Franken. Die artgerechte Zucht der Tiere auf Weiden, der Verzicht auf künstlich hergestelltes Futter, all das duftet nach Landleben, das immer mehr Konjunktur hat.

Durch diesen Landstrich führt der Kocher-Jagst-Radweg – auch so eine Erfolgsgeschichte. Denn inzwischen zählt seine rund 330 km lange Strecke zu den beliebtesten Radwegen in ganz Deutschland. Er hat den großen Vorteil, dass die Steigungen übersichtlich sind und auch Untrainierte gut vorankommen.

Noch mehr Geschichte gefällig? Das bietet das Freilichtmuseum Wackershofen, sieben Kilometer von Hall entfernt. Kinder lernen hier filzen und kochen, Erwachsene vielleicht wieder das Staunen. Schließlich zeigen über 60 Gebäude, wie die Alltag der Untertanen einst wirklich war, ohne fließend Wasser und WC. Und weil Ökologie hier mehr als nur ein Schlagwort ist, erhält jeder Besucher ermäßigten Eintritt, der mit öffentlichen Verkehrsmitteln anreist.

Und dann ist da noch der Dialekt – ein sehr spezieller übrigens. Das hängt auch mit der wechselvollen Geschichte von denen da oben und uns hier unten zusammen. Hohenlohe hat immer noch viele Grenzen – eine zu Baden, eine ins Unterland, eine zu Schwaben und eine zu Bayerisch Franken. Obendrein immer

▲ Wenn im Frühjahr die Landschaft weiß gepunktet leuchtet, ist das aufkeimende Naturleben überall ein Erlebnis. Kennern gilt jedoch die Birnbaumblüte in Hohenlohe als unvergleichlich schön.

▼ Über 60 Originalgebäude stehen inzwischen im Hohenloher Freilichtmuseum Wackershofen. Ein Backhaus darf bei einer solchen Sammlung nicht fehlen. Selbstverständlich wird es noch genutzt.

wieder neue Herrscher, die sich das Land untertan machten. Das macht vorsichtig. Und gewitzt.

Die Kultband „Annaweech" – der Name bedeutet „trotzdem" – beschloss in den 1990er-Jahren, englische Songs auf „Hohenloherisch" zu übersetzen. Und bis heute schreiben sie auch eigene Lieder – auf Hohenlohisch und singen sich in die Seele der Region. Sie haben sich für all jene, die nur Hochdeutsch können, die Mühe eines kleinen Wörterbuchs gemacht – seine Lektüre, ein Genuss. Übrigens ganz hilfreich auch im Alltag, denn daran, dass zum Beispiel mit „Aalich" Eier gemeint sind, daran scheitert so mancher. Im Gegenzug verstehen die Hohenloher, wenn andere Hochdeutsch sprechen oder Honoratiorenschwäbisch.

▾ Künzelsau liegt am Kocher, einem Nebenfluss des Neckar, rund 40 Kilometer östlich von Heilbronn. Die im 11. Jahrhundert erstmals urkundlich erwähnte Stadt ist von bewaldeten Höhen umkränzt.

Zwischen Tauberrettersheim
und Tauberbischofsheim

Im Taubertal

Wie lieblich kann ein Tal sein? Was bringt Menschen dazu, ihre Heimat so zu nennen? Ist „lieblich" Teil einer neuen Identität? Denn das Taubertal hat eine sehr zerrissene Geschichte. Das Tal liegt im Nordosten des Landes. Und der Fluss Tauber murmelt sich mal durch Bayern, mal durch Baden-Württemberg.

Das Dorf Tauberrettersheim hat keine 1000 Einwohner und eine einmalige Brücke. Baumeister Balthasar Neumann (1687–1753) hat sie entworfen, ein tüchtiger Mann seiner Zeit. Früher, also bis 2002 bestimmt, kannte ihn jedes Kind: Sein Kopf war auf dem 50-Mark-Schein verewigt.

Entschleunigen, ein zeitgeistiges Wort des 3. Jahrtausends. Für eine Reise weiter nach Weikersheim liegt daher eine Planwagenfahrt nahe. Dauert ab da eine halbe Stunde.

Der Stammsitz des Hauses Hohenlohe, Schloss Weikersheim, vorne eine Renaissance-Fassade, hinten ein barocker Garten. Diesen Prunk hat sich Graf Carl Ludwig zu Hohenlohe-Weikersheim ausgedacht. Was gut und teuer war, war gerade gut genug. In sein Beuteschema passt nur eine Fürstin, Elisabeth Friederike Sophie. Die Frau hatte Geld, schließlich ist so ein Schloss teuer – und bleibt das für alle Zeit. So kommt's, dass das Land 1967 das Prachtgebäude übernimmt, restauriert und bewahrt. Steuergelder wurden schon schlechter angelegt.

Viele Steinzeugen bewachen den Schlossgarten. Die vier Jahreszeiten, die vier Elemente, die vier Winde. Und: Zwerge. Eine ganze Galerie voll. Der Graf hat sein Personal hier verewigt, wie etwa die Kammerzofe, den Trommler und den Kellermeister. Und wie im richtigen Leben damals, dürfen sie nur am Rande dem heiteren Treiben zuschauen, nicht aber den Lustgarten betreten.

Ob zu Fuß oder mit dem Planwagen, es kommt aufs Gleiche raus. Nach Bad Mergentheim sind es zwei Stunden, das Auto braucht 15 Minuten. Im Deutschordensschloss lernen die Studierenden Umfassendes zum Thema Essen und Trinken, im Institut für Kulinaristik, das zur Jahrtausendwende (2000) gegründet wurde. Dieser Begriff ist namensrechtlich geschützt und eine sprachlich neue Erfindung. Denn der Bachelor für Foodmanagement umfasst auch Kenntnisse über Wirtschaft und Historie zum Thema Ernährung.

◀ Schloss Weikersheim strotzt nur so von barockem Überfluss. Nicht nur im symmetrisch angelegten Garten.

Fahr
mal hin

So kommt man hin
Mit der Bahn:
Über Stuttgart und Heilbronn nach Bad Mergentheim.

Mit dem Auto:
Über die A 81 Ausfahrt Tauberbischofsheim oder die A 7 Ausfahrt Rothenburg o. d. Tauber.

Absichtsreich, was sonst, hat der hohenloher Graf Carl Ludwig viele antiken Figuren in seinen Garten setzen lassen. Die Lustwandler sollten, ganz zufällig, ihn als genauso groß erachten wie antike Götter.

Das Schloss zeigt die Geschichte des Deutschen Ordens. Ein Meisterwerk ist die Wendeltreppe aus dem 16. Jahrhundert.

Bad Mergentheim ist übrigens das größte Kur- und Heilbad des Landes. Auf dem Marktplatz fallen die Zwillingshäuser auf. Das Rathaus gilt als Wahrzeichen der Stadt. Dass die Gesamtoptik so intakt wirkt, haben die über 20 000 Bürger der Tatsache zu verdanken, dass ihre Stadt im Zweiten Weltkrieg Lazarettlager war. Der Stuppacher Madonna von Matthias Grünewald (um 1475/80–1528) wurde sogar eine eigene Kapelle gebaut. Dieser Kunstschatz gehört neben dem Isenheimer Altar in Colmar zu Grünewalds Hauptwerken. Jede ordentliche Kurstadt hat einen Park, Bad Mergentheim sogar zwei. Genau genommen sogar drei, wenn man den Wildpark dazurechnet. Der Kurpark rangiert unter den zehn schönsten in Deutschland. Wer samstags um 15 Uhr glaubt, die Glocken des Wie-

▸ Ab Napoleon war alles anders. Doch bis dahin residierte in diesem Schloss in Bad Mergentheim der Hochmeister des Deutschen Ordens. Es waren übrigens die Grafen von Hohenlohe, die dem Deutschorden ihr Schloss geschenkt hatten.

▴ Der Kirchturm der evangelischen Stadtkirche überragt die knapp 5000 Einwohner Gemeinde. Der eigentliche Schatz liegt allerdings südlich, im Herrgottstal: der Riemenschneider-Altar.

◂ Der Name Tauber wird aus dem keltischen „dubra" für „dunkel" hergeleitet. Andere meinen, es könnte auch „schnell dahinfließen" bedeuten. Unstrittig ist, dass die Tauber ein Nebenfluss des Mains ist.

ner Stephansdoms zu hören, liegt nicht ganz falsch. Tatsächlich sind die Glocken der Schlosskirche mit denen des Münsters so getunt, dass sie wienerisch anmuten. Sollte einem österreichischen Deutschmeister gegen Heimweh helfen. Sachen gibt's!

Jetzt vielleicht mit dem Rad weiter? Es sind knapp 20 Kilometer bis zur Hauptstadt des Fechtens. Anja Fichtel ist die berühmteste Tochter Tauberbischofsheims. Mit 20 holte sie zwei Goldmedaillen in Seoul. Inzwischen trainiert sie die Olympioniken im Fechten. Nicht nur sie empfindet ihre Heimat mit dieser Landschaft als lieblich.

Und da war doch noch was, im Genießerland: Wein. Das größte Weinbaugebiet Deutschlands. Das war einmal. Bis Napoleon das Tal geteilt hat und die Reblaus das Übrige tat, um dem Wein den Garaus zu machen. Tempi passati, neues Jahrtausend und neue, zum Teil ganz exklusive Versuche, dem Wein sein Terrain zurückzugeben. Mit uralten Rebstöcken Neues wagen. Gutes Ziel!

▲ Den Marienaltar in der Creglinger Herrgottskirche schuf der berühmte Bildschnitzer Tilman Riemenschneider (um 1460 –1531) aus Lindenholz.

◀ Der Türmersturm von Tauberbischofsheim, mitten im Schlosshof, ist fast 30 Meter hoch. 119 Stufen führen hinauf, ein wenig anstrengend. Der Lohn dafür: Die Stadt liegt jedem Besucher zu Füßen.

Adressen

Angaben ohne Gewähr. Änderungen vorbehalten.

Stuttgart und Region

Stuttgart

Tourist-Information i-Punkt
Königstraße 1a
70173 Stuttgart
Tel.: (07 11) 22 28-100
(für Hotels, Rundfahrten und Rundgänge)
www.stuttgart-tourist.de

Kunstmuseum Stuttgart
Kleiner Schlossplatz 13
70173 Stuttgart
Tel.: (07 11) 2 16 21 88
www.kunstmuseum-stuttgart.de

Landesmuseum Württemberg
Schillerplatz 6
70173 Stuttgart
Tel.: (07 11) 89 53 51 11
www.landesmuseum-stuttgart.de

**Landesmuseum Württemberg –
Das Kindermuseum „Junges Schloss"**
Schillerplatz 6
70173 Stuttgart
Tel.: (07 11) 89 53 54 45
www.junges-schloss.de

Staatsgalerie Stuttgart
Konrad-Adenauer-Straße 30–32
70173 Stuttgart
Tel.: (07 11) 47 04 00
www.staatsgalerie.de

Staatstheater Stuttgart
Oberer Schlossgarten 6
70173 Stuttgart
Tel.: (07 11) 20 32-0
www.staatstheater-stuttgart.de

Weißenhofsiedlung
Tel.: (07 11) 2 57 91 87
www.weissenhof.de

Fernsehturm Stuttgart
Jahnstraße 120
70597 Stuttgart
Tel.: (07 11) 23 25 97
www.fernsehturmstuttgart.com

Mineralbäder
LEUZE Mineralbad
Tel.: (07 11) 2 16-79 79

MineralBad Cannstatt
Tel.: (07 11) 2 16-92 40

Mineral-Bad Berg
Tel.: (07 11) 2 16-70 90
www.stuttgart.de/baeder

**Wilhelma, Zoologisch-Botanischer Garten
Stuttgart**
Wilhelma 13
70376 Stuttgart
Tel.: (07 11) 54 02-0
www.wilhelma.de

Esslingen am Neckar

Esslinger Stadtmarketing & Tourismus GmbH
Stadtinformation im Kielmeyerhaus
Marktplatz 2
73728 Esslingen am Neckar
Tel.: (07 11) 39 69 39-69
www.esslingen-tourist.de

Kulturzentrum Dieselstrasse
Dieselstraße 26
73734 Esslingen am Neckar
Tel. Büro: (07 11) 38 84 52
www.dieselstrasse.de

LIMA-Theater
Landolinsgasse 1
73728 Esslingen am Neckar
Tel.: (07 11) 31 11 24
www.lima-theater.de

Esslinger Weingärtnergenossenschaft
Weingärtner Esslingen e.G.
Lerchenbergstr. 16
73733 Esslingen-Mettingen
Tel.: (07 11) 9 18 96 2-0
www.esslinger-wein.de

Kessler-Sektmanufaktur
Marktplatz 21–23
73728 Esslingen am Neckar
Tel.: (07 11) 3 10 59 3-0 oder -10
www.kessler-sektkellerei.de

Weingut Kusterer
Untere Beutau 44
73728 Esslingen am Neckar
Tel.: (07 11) 35 79 09
www.weingut-kusterer.de

Esslinger Glockenspiel
Altes Rathaus
Rathausplatz
73728 Esslingen am Neckar
www.esslingen.de

Merkel'sches Schwimmbad
Mühlstraße 6
73728 Esslingen am Neckar
Tel.: (07 11) 39 07-7 00
www.merkelsches-bad.de

Kanu-Verleih
Wehrhaus Esslingen
Neckarstraße Haus 53
73728 Esslingen am Neckar
Tel.: (07 11) 35 09 449 und (07 11) 9 95 35 79

Tübingen

Bürger- und Verkehrsverein Tübingen
Tourist & Ticket-Center
An der Neckarbrücke 1
72072 Tübingen
Tel.: (0 70 71) 91 36-0
www.tuebingen-info.de

Museum Schloss Hohentübingen
Burgsteige 11
72070 Tübingen
Tel.: (0 70 71) 2 97 73 84
E-Mail: museum@uni-tuebingen.de

Stadtmuseum Tübingen
Kornhausstraße 10
72070 Tübingen
Tel.: (0 70 71) 2 04-17 11
E-Mail: stadtmuseum@tuebingen.de

Hölderlinturm
Bursagasse 6
72070 Tübingen
Tel.: (0 70 71) 2 20 40

Schokoladen-Festival chocolART
www.chocolart.de/festival

Ludwigsburg

Tourist Information
Marktplatz 6
71634 Ludwigsburg
Tel.: (0 71 41) 9 10 22 52
www.ludwigsburg.de

Residenzschloss
Schlossstraße 30
71634 Ludwigsburg
Tel.: (0 71 41) 18 20 04
www.schloss-ludwigsburg.de

Blühendes Barock
Mömpelgardstraße 28
71640 Ludwigsburg
Tel.: (0 71 41) 97 56 50
E-Mail: info@blueba.de

Jagd- und Lustschloss Favorite
Tel.: (0 71 41) 18 20 04
E-Mail: info@schloss-ludwigsburg.de

Seeschloss Monrepos
Tel.: (0 71 41) 22 10 60
E-Mail: info@hofkammer.de

Ludwigsburger Schlossfestspiele
Tel.: (0 71 41) 93 96 36
www.schlossfestspiele.de

Kinderfilmhaus der Filmakademie Baden-Württemberg
Info-Hotline Tel.: (0 71 41) 6 48 12 20
www.kinderfilmhaus-ludwigsburg.de

Schwäbische Alb

Von Mössingen bis Balingen

Tourist Information
Färberstraße 2
72336 Balingen
Tel.: (0 74 33) 170-119
www.balingen.de

Stadtverwaltung Mössingen
Freiherr-vom-Stein-Straße 20
72116 Mössingen
Tel.: (0 74 73) 3 70-121
www.moessingen.de

Holzschnitt-Museum Klaus Herzer
Obergasse 1
72116 Mössingen
Tel.: (0 74 73) 63 39
www.holzschnittmuseum.de

Kurklinik Bad Sebastiansweiler
Hechinger Straße 26
72116 Mössingen
Tel.: (0 74 73) 37 83-0
www.bad-sebastiansweiler.de

Burg Hohenzollern GbR
Information
Burg Hohenzollern
72379 Burg Hohenzollern
Tel.: (0 74 71) 24 28
www.burg-hohenzollern.com

Erlebnis-Führungen im Mössinger Bergrutsch
Armin Dieter
www.alberlebnis.de

Reutlingen

Tourist Information Reutlingen
Marktplatz 2
72764 Reutlingen
Tel.: (0 71 21) 93 93 53 53
www.tourismus-reutlingen.de

Städtisches Kunstmuseum
Spendhaus Reutlingen
Spendhausstraße 3
72764 Reutlingen
Tel.: (0 71 21) 3 03-23 22
www.reutlingen.de/kunstmuseum

Heimatmuseum Reutlingen
Oberamteistraße 32
72764 Reutlingen
Tel.: (0 71 21) 3 03-20 50
www.reutlingen.de/heimatmuseum

Helfensteiner Land

Stadtinformation Geislingen
Schlossgasse 3
73312 Geislingen an der Steige
Tel.: (0 73 31) 24-2 79
www.geislingen.de

WMF Württembergische Metallwaren-fabrik AG
Eberhardstraße
73312 Geislingen an der Steige
Tel.: (0 73 31) 251
www.wmf.de

Tourismus- und Kulturbüro
Helfensteinstraße 20
73342 Bad Ditzenbach
Tel.: (0 73 34) 69 11
www.badditzenbach.de

Bäderkultur auf der Schwäbischen Alb

Schwäbische Alb Tourismusverband
Marktplatz 1
72574 Bad Urach
Tel.: (0 71 25) 94 81 06
www.schwaebischealb.de

Limes-Thermen Aalen
Osterbucher Platz 3
73431 Aalen
Tel.: (0 73 61) 94 93-0
www.limes-thermen.de

Bad Ditzenbach – Vinzenz Therme
Kurhausstraße 18
73342 Bad Ditzenbach
Tel.: (0 73 34) 76-0
www.vinzenz.de

Bad Überkingen – Thermalbad Bad Überkingen
Bahnhofstraße 14
73337 Bad Überkingen
Tel.: (0 73 31) 6 10 87
www.therme-bad-ueberkingen.de

Badhaus Bad Boll
Am Kurpark 1
Tel.: (0 71 64) 81-3 23
www.badhaus-bad-boll.de

Panorama Therme Beuren
Am Thermalbad 5
72660 Beuren
Tel.: (0 70 25) 9 10 50-0
www.beuren.de

Aktiv-Ferien auf der Schwäbischen Alb

Buchung Albhof-Tour
Pia Münch
Tel.: (07373) 915218
www.albhoftour.de

Demeterhof Freytag
Familie Freytag
Steighof 9
72525 Münsingen-Bichishausen
Tel.: (0 73 83) 5 04
E-Mail: urlaub@demeterhof-freytag.de

Fischzucht Illing/Zwiefalten
Gerberstraße 12
88529 Zwiefalten
Tel.: (0 73 73) 91 59 98
www.fischzucht-zwiefalten.de

Hof Münch/Zwiefalten
Walter und Pia Münch
Hochberg 29
88529 Zwiefalten
Tel.: (0 73 73) 26 26
www.albwurst.de

Hohensteiner Hofkäserei – Familie Rauscher
Heidäckerhof 1
72531 Hohenstein-Ödenwaldstetten
Tel.: (0 73 87) 12 97
E-Mail: info@albkaes.de

Schäferei Fauser
Oberstetter Straße 17/1
72539 Pfronstetten
Tel.: (0 73 88) 12 81

Sonderbucher Landeier – Familie Bendel
Zum Schlossberg 3
88529 Zwiefalten-Sonderbuch
Tel.: (0 73 73) 5 84 oder 25 07

Historischer Schneckengarten in Weiler
Rita Goller
Tel.: (0 73 81) 47 81
E-Mail: rita@w-goller.de

Biosphärengebiet Schwäbische Alb
www.biosphaerengebiet-alb.de

Von Schwäbisch Gmünd über Heidenheim bis Giengen an der Brenz

i-Punkt Schwäbisch Gmünd
Marktplatz 37/1
73525 Schwäbisch Gmünd
Tel.: (0 71 71) 6 03-42 50
www.schwaebisch-gmuend.de

Internationales Schattentheater Zentrum
Rainer Reusch
Wolfäckerstraße 23
73529 Schwäbisch Gmünd
Tel.: (0 71 71) 8 64 67
www.schattentheater.de

Museum und Galerie im Prediger
Johannisplatz 3
73525 Schwäbisch Gmünd
Tel.: (0 71 71) 6 03-41 30
E-Mail: museum@schwaebisch-gmuend.de

Tourist-Information Heidenheim
Hauptstraße 34
89522 Heidenheim
Tel.: (0 73 21) 3 27-49 10
www.heidenheim.de

Kunstmuseum Heidenheim
Marienstraße 4
89518 Heidenheim
Tel.: (0 73 21) 3 27-48 10
www.kunstmuseum-heidenheim.de

Museum für Kutschen, Chaisen, Karren
Schloss Hellenstein
Postfach 1146
89501 Heidenheim
Tel.: (0 73 21) 3 27-27 58 96

i-Punkt Giengen
Marktstraße 9
89537 Giengen an der Brenz
Tel.: 0 73 22/9 52-29 20
www.giengen.de; www.baerenland.de

Steiff-Museum
Margarete-Steiff-Platz 1
89537 Giengen an der Brenz
Tel.: (0 73 22) 131-5 00
www.steiff.de

Ulm an der Donau

Tourist Information Ulm/Neu-Ulm
Münsterplatz 50
89073 Ulm
Tel.: (0731) 1 61-28 30
www.tourismus.ulm.de

Kunsthalle Weishaupt
Hans-und-Sophie-Scholl-Platz 1
89073 Ulm
Tel.: (0731) 1 61-43 60
www.kunsthalle-weishaupt.de

Stadthaus Ulm
Münsterplatz 50
89073 Ulm
Tel.: (0731) 1 61 77 00
www.stadthaus.ulm.de

Stadtbibliothek Ulm
Vestgasse 1
89073 Ulm
Tel.: (0731) 1 61 41 40

ROXY gemeinnützige GmbH – Kultur in Ulm
Schillerstr. 1/12
89077 Ulm
Tel.: (0731) 9 68 62 0
Mail: info@roxy.ulm.de

Evangelische Münstergemeinde Ulm
Münsterplatz 21
89073 Ulm
Tel.: (0731) 37 99 45-0
www.muenster-ulm.de

DenkStätte Weiße Rose
Kornhausplatz 5
89073 Ulm
Tel.: (0731) 15 30 11
www.vh-ulm.de

Dokumentationszentrum Oberer Kuhberg
Am Hochsträss 1
89077 Ulm
Tel.: 0731) 2 13 12
www.dzok-ulm.de

Donauschwäbisches Zentralmuseum
Schillerstraße 1
89073 Ulm
Tel.: (0731) 9 62 54-0
www.dzm-museum.de

Bodensee und Oberschwaben

Konstanz und der Bodensee-Radwanderweg

Tourist-Information Konstanz GmbH
Fischmarkt 2
78462 Konstanz am Bodensee
Tel.: (0 75 31) 13 30-30
www.konstanz-tourismus.de

Internationale Bodensee Tourismus GmbH
Hafenstraße 6
78462 Konstanz
Tel.: (0 75 31) 90 94 90
www.bodensee.eu

Katamaran/Weiße Flotte
Bodensee-Schiffsbetriebe GmbH
Hafenstraße 6
78462 Konstanz
Tel.: (0 75 31) 36 39 32-0
E-Mail: info@bsb-online.com

Bodensee-Radweg Service
Fritz-Arnold-Straße 16a
78467 Konstanz
Tel.: (0 75 31)-8 19 93-0
E-Mail: info@radweg-service.de

Hus-Museum
Hussenstraße 64
78462 Konstanz
Tel.: (0 75 31) 2 90 42
E-Mail: hus-museum@t-online.de

Rosgartenmuseum
Rosgartenstraße 3–5
78459 Konstanz
Tel.: (0 75 31) 9 00-2 46

Naturschutzzentrum Eriskirch
Bahnhofstraße 24
88097 Eriskirch
Tel.: (0 75 41) 8 18 88
E-Mail: info@naz-eriskirch.de

Tourist Information Kressbronn
Im Bahnhof
88079 Kressbronn a. B.
Tel.: (0 75 43) 96 65-0
www.kressbronn.de

Langenargen
Kultur- und Verkehrsamt
Obere Seestraße 1
88085 Langenargen
Tel.: (0 75 43) 93 30 92
www.langenargen-tourismus.de

Schloss Montfort
Untere Seestraße 3
88085 Langenargen
Tel.: (0 75 43) 912712
www.vemax-gastro.de

ProLindau
Marketing GmbH & Co. KG
Alfred-Nobel-Platz 1
88131 Lindau im Bodensee
Tel.: (0 83 82) 26 00-30
www.lindau-tourismus.de

Stadtmuseum Lindau
Marktplatz 6
88131 Lindau
Tel.: (0 83 82) 27 75 65-14
E-Mail: kulturamt@lindau.de

**Bregenz Tourismus & Stadt-
marketing GmbH**
Rathausstraße 35a
A-6900 Bregenz
Tel.: +43 5574 4959-0
E-Mail: tourismus@bregenz.at

Bregenzer Festspiele GmbH
Platz der Wiener Symphoniker 1
A-6900 Bregenz
Tel.: +43 5574 407-0
www.bregenzerfestspiele.at

Die Pfänderbahn
Steinbruchgasse 4
A-6900 Bregenz
Tel.: +43 05574 42160-0
www.pfaenderbahn.at

Friedrichshafen

Stadt Friedrichshafen
Rathaus Friedrichshafen
Adenauerplatz 1
88045 Friedrichshafen
Tel.: (0 75 41) 2 03-0
www.friedrichshafen.info

Dornier Museum Friedrichshafen
Claude-Dornier-Platz 1
88046 Friedrichshafen
Tel.: (0 75 41) 487 36 00
www.dorniermuseum.de

Zeppelin Museum Friedrichshafen
Seestraße 22
88045 Friedrichshafen
Tel.: (0 75 41) 38 01-0
www.zeppelin-museum.de

**Rundflüge über dem Bodensee
mit dem Zeppelin NT**
Tel.: (0 75 41) 59 00-0
www.zeppelinflug.de

Mainau – Reichenau – Höri

Mainau GmbH
78465 Insel Mainau
Tel.: (0 75 31) 3 03-0
www.mainau.de

Tourist-Information Reichenau
Pirminstraße 145
78479 Insel Reichenau
Tel.: (0 75 34) 92 07-0
E-Mail: info@reichenau-tourismus.de

Führungen im Münster Reichenau
Münstermesner Manfred Müller
Tel.: (0 75 34) 999 5 999

Kultur- und Gästebüro Gaienhofen
Im Kohlgarten 1
78343 Gaienhofen
Tel.: (0 77 35) 8 18 23
www.gaienhofen.de/hoeri

Überlingen und der Linzgau

Kur und Touristik Überlingen GmbH
Landungsplatz 5
88662 Überlingen am Bodensee
Tel.: (0 75 51) 9 47 15-22
www.ueberlingen.de

Bodensee-Linzgau Tourismus e.V.
Schloss Salem
88682 Salem
Tel.: (07553) 91 77 15
www.bodensee-linzgau.de

Tourist-Information Uhldingen-Mühlhofen
Schulstraße 12
88690 Uhldingen-Mühlhofen
Tel.: (07556) 92 16-0
www.seeferien.com

**Archäologisches Pfahlbauten-Museum
Unteruhldingen**
Freilichtmuseum und Forschungsinstitut
Strandpromenade 6
88690 Uhldingen-Mühlhofen, Ortsteil Unter-
uhldingen
Tel.: (0 75 56) 9 28 90-0
www.pfahlbauten.de

Meersburg Tourismus
Kirchstraße 4
88709 Meersburg
Tel.: (0 75 32) 4 40-4 00
www.meersburg.de

Auf der Oberschwäbischen Barockstraße

Oberschwaben-Tourismus GmbH
Klosterhof 1
88427 Bad Schussenried
Tel.: (0 75 83) 33 10 60
www.oberschwaben-tourismus.de

Kurverwaltung Bad Wurzach/Allgäu
Mühltorstr. 1
88410 Bad Wurzach/Allgäu
Tel.: (0 75 64) 3 02-150
Fax: (0 75 64) 3 02-154
E-Mail: info@bad-wurzach.de

Rot an der Rot – Gemeindeverwaltung
Klosterhof 14
88430 Rot an der Rot
Tel.: (0 83 95) 94 05-0

**Jugend-und Bildungshaus St. Norbert der
Diözese Rottenburg-Stuttgart**
Klosterhof 9
88430 Rot an der Rot
Tel.: (0 83 95) 9 24-0

Katholisches Pfarramt St. Verena
Verenastr. 7
88430 Rot an der Rot
Tel.: (0 83 95) 9 36 99-0

Bauernhaus-Museum Wolfegg
Vogter Straße 4
88364 Wolfegg
Tel.: (0 75 27) 95 50-0
www.bauernhaus-museum.de

Von Ravensburg nach Biberach

Oberschwaben-Tourismus GmbH
Klosterhof 1
88427 Bad Schussenried
Tel.: (0 75 83) 33 10 60
www.oberschwaben-tourismus.de

Kur & Touristik Kurverwaltung
Ravensburger Straße 1
88339 Bad Waldsee
Tel.: (0 75 24) 94-13 42
www.bad-waldsee.de

Tourismus & Stadtmarketing
Theaterstraße 6
88400 Biberach an der Riß
Tel.: (0 73 51) 51-1 65
www.biberach-tourismus.de

Simultankirche St. Martin, Biberach
88400 Biberach an der Riß
Tel.: (0 73 51) 51-4 83
www.biberach-riss.de

Stadt Biberach Museum
(Braith-Mali-Museum)
Museumstraße 6
88400 Biberach an der Riß
Tel.: (0 73 51) 51-3 11
www.museum-biberach.de

Tourist Information Ravensburg
Kirchstraße 16
88212 Ravensburg
Tel.: (0 7 51) 82-8 00
www.ravensburg.de

Museum Humpis-Quartier
Marktstraße 45
88212 Ravensburg
Tel.: (0 7 51) 8 28 20
www.museum-humpis-quartier.de

Amt für Kultur und Tourismus
Münsterplatz 1
88250 Weingarten
Tel.: (0 7 51) 4 05-2 32
www.weingarten-online.de

Wangen – Isny – Kempten

Gästeamt – Tourist Information
Bindstraße 10
88239 Wangen im Allgäu
Tel.: (0 75 22) 74-2 11
www.wangen.de

Anton Heine GmbH Fidelisbäck
Paradiesstraße 3
88239 Wangen
Tel.: (0 75 22) 79 59-31
www.fidelisbaeck.de

Isny Marketing GmbH
Büro für Tourismus
Unterer Grabenweg 18
88316 Isny im Allgäu
Tel.: (0 75 62) 9 75 63-0
E-Mail: info@isny-tourismus.de

Isny Predikantenbibliothek
Nikolaikirche
Kanzleistraße 21
88316 Isny im Allgäu

Tourist Information Kempten
Rathausplatz 24
87435 Kempten
Tel.: (08 31) 25 25-2 37 und
(08 31) 194 33
www.kempten.de

Archäologischer Park Cambodunum
Cambodunumweg 3 (Haupteingang)
Tel.: (08 31) 7 97 31
87437 Kempten
E-Mail: museen@kempten.de

Oberrhein und Schwarzwald

Markgräflerland

Tourist-Information
Ernst-Eisenlohr-Straße 4
79410 Badenweiler
Tel.: (0 76 32) 7 99-3 00
www.badenweiler.de

Werbegemeinschaft Markgräflerland GmbH
Wilhelmstraße 14
79379 Müllheim
Tel.: (0 76 31) 8 01-5 02
www.markgraefler-land.com

Markgräfler Museum Müllheim
Wilhelmstraße 7
79379 Müllheim
Tel.: (0 76 31) 154 46
www.markgraefler-museum.de

Burg Rötteln
Tel.: (0 76 21) 5 64 94

Schloss Bürgeln
79418 Schliengen
Tel.: (0 76 26) 2 37
www.schlossbuergeln.de

Der Kaiserstuhl

Kaiserstühler Verkehrsbüro
Adelshof 20
79346 Endingen
Tel.: (0 76 42) 68 99-90
www.endingen.de

Touristik-Information Vogtsburg i.K.
Bahnhofstraße 20
79235 Vogtsburg-Oberrotweil
Tel.: (0 76 62) 9 40 11
www.vogtsburg-im-kaiserstuhl.de

Freiburg im Breisgau

Tourist Information
Rathausplatz 2-4
79098 Freiburg i. Br.
Tel.: (0 7 61) 38 81-8 80
E-Mail: touristik@fwtm.freiburg.de

Kulturamt
Wentzingerhaus
Münsterplatz 30
79098 Freiburg i. Br.
Tel.: (0 7 61) 201-21 01
www.freiburg.de

Touristik und Messe GmbH
Rathausgasse 33
79098 Freiburg i.Br.
Tel.: (0 7 61) 3 88 18 52
www.freiburg.de

Freiburger Münster
Dompfarramt
Tel.: (0 7 61) 2 02 79 12
www.muensterbauverein-freiburg.de

Schauinsland-Bahn
Tel.: (0 7 61) 70 19 43
www.bergwelt-schauinsland.de

Mythische Orte am Oberrhein

Schwarzwald Tourismus GmbH
Ludwigstraße 23
79104 Freiburg
Tel.: (07 61) 2 96 22-71
www.schwarzwald-tourismus.info

Kontakt Elsass
Association Départementale du toursime
de Haut-Alsace
1, rue C. Schlumberger
F-68000 Colmar
Tel.: +33 03 83 20 10-0
www.tourisme68.com

Kontakt Nordwestschweiz
Basel Tourismus
Aeschenvorstadt 36
CH-4010 Basel
Tel.: +41 61 2 68 68 68
Internet: www.basel.com

Baselland Tourismus
Altmarktstrasse 96
CH-4410 Liestal
Tel.: +41 61 9 27 64 84
www.baselland-tourismus.ch

Belchenland Tourismus
Gentnerstraße 2
79677 Schönau
Tel.: (0 76 73) 9 18 130
www.belchenland.de

Kloster St. Trudpert
79244 Münstertal
Tel.: (07636) 78 02-0
www.kloster-st-trudpert.de

Todtmoos, Hilfreiche Mutter
Pfarramt Unserer Lieben Frau von Todtmoos
Kurparkweg 8
79682 Todtmoos
Tel.: (0 76 74) 4 62
www.wallfahrtskirche-todtmoos.de

Breisach, Stephansmünster
Münsterplatz
79206 Breisach am Rhein
Tel.: (0 76 67) 2 03
www.st-stephan-breisach.de

Bad Säckingen, Sankt Fridolin
Münsterplatz 8
79713 Bad Säckingen
Tel.: (07761) 5 68 19-0
www.bad-saeckingen.de

Ermitage Arlesheim
www.ermitage-arlesheim.ch

Ettenheim, St. Landelin
Ettenheimmünster
Kirchstraße 4
77955 Ettenheim
www.ettenheim.de

Odilienberg
F-67530 Ottrott
Tel.: +33 3 88 95 80 53
www.mont-sainte-odile.com

Ortenau

Tourist-Info Sasbachwalden
Kurhaus Zum Alde Gott
Talstraße 51
77887 Sasbachwalden
Tel.: (0 78 41) 10 35
www.sasbachwalden.de

Tourist-Information Achertal
Hauptstraße 65
77876 Kappelrodeck
Tel.: (0 78 42) 1 94 33
www.achertal.de

Tourist-Information Kappelrodeck/Waldulm
Hauptstraße 65
77876 Kappelrodeck
Tel.: (0 78 42) 8 02 10
www.kappelrodeck-tourismus.de

Tourist-Info Oberkirch
Bahnhofstraße 16
77704 Oberkirch
Tel.: (07 02) 82-6 00
www.tourismus-oberkirch.de

Verkehrsamt Lautenbach
Hauptstraße 48
77794 Lautenbach
Tel.: (0 78 02) 92 59-0
www.Lautenbach-Renchtal.de

Tourist-Information Bühl
Hauptstraße 92
77815 Bühl
Tel.: (0 72 23) 9 35-3 32
www.tourismus.buehl.de

Weinparadies Ortenau e.V.
Frankenweg 13
77767 Appenweier
Tel.: (0 78 05) 9 16-70 51
www.weinparadies-ortenau.de

Weingut Schloss Ortenberg
Am St. Andreas 1
77799 Ortenerg
Tel.: (07 81) 93 43-0
www.weingut-schloss-ortenberg.de

Europa Park Rust
tourist office RUST
Karl-Friedrich-Straße 6
77977 Rust
Tel.: (07822) 78955-0
www.rust-erleben.de
www.europapark.de

Baden-Baden

Tourist Information
Schwarzwaldstraße 52 und
Kaiserallee 3 (Trinkhalle)
76530 Baden-Baden
Tel.: (0 72 21) 27 52 00-1
www.baden-baden.de

Museum Frieder Burda
Stiftung Frieder Burda
Lichtentaler Allee 8b
76530 Baden-Baden
Tel.: (0 72 21) 3 98 98-0
www.museum-frieder-burda.de

Karlsruhe und Rastatt

Touristinformation (am Hauptbahnhof)
Bahnhofplatz 6
76137 Karlsruhe
Tel.: (07 21) 37 20-53 83 oder -53 84
www.karlsruhe.de

Badisches Landesmuseum Karlsruhe
Schlossbezirk 10
76131 Karlsruhe
Tel.: (07 21) 9 26-65 14
www.landesmuseum.de

Staatliches Museum
für Naturkunde Karlsruhe
Erbprinzenstraße 13
76133 Karlsruhe
Tel.: (07 21) 175-21 11
www.smnk.de

ZKM (Zentrum für Kunst und Medien-
technologie)
Lorenzstraße 19
76135 Karlsruhe
Tel.: (07 21) 81 00-12 00
www.zkm.de

Blechdosen-Museum
Alles Kiste
Schützenstraße 37
76137 Karlsruhe
Tel.: (07 21) 37 66 66
www.alles-kruscht.de/kiste.html

Tourist-Info Rastatt
Schloss-Herrenstraße 18
76437 Rastatt
Tel.: (0 72 22) 9 72-12 20
www.rastatt.de

Wanderungen im Schwarzwald

Schwarzwald Tourismus GmbH
Ludwigstr. 23
79104 Freiburg i. Br.
Tel.: (07 61) 89 64 60
www.schwarzwald-tourismus.de

Schwarzwaldverein e.V.
Schlossbergring 15
79098 Freiburg i. Br.
Tel.: (07 61) 3 80 53-0
www.schwarzwaldverein.de
www.wanderservice-schwarzwald.de/

Tourist-Information
Bahnhofstraße 3
78132 Hornberg
Tel.: (0 78 33) 7 93 44
E-Mail: tourist-info@hornberg.de

Tourist-Information „Das Ferienland"
Hauptstraße 6
78136 Schonach im Schwarzwald
Tel.: (0 77 22) 96 48 10
www.dasferienland.de

Tourist-Information „Das Ferienland"
Franz-Schubert-Straße 3
78141 Schönwald im Schwarzwald
Tel.: (0 77 22) 96 48 10
www.dasferienland.de

**Schwarzwälder Freilichtmuseum
Vogtsbauernhof**
77793 Gutach
Tel.: (0 78 31) 93 56-0
www.vogtsbauernhof.org

Von Alpirsbach nach Maulbronn

Maulbronn
Klosterverwaltung
Klosterhof 5
75433 Maulbronn
Tel.: (0 70 43) 92 66 10

Kloster Hirsau
Stadtinformation Calw
Marktbrücke 1
75365 Calw
Tel.: (0 70 51) 96 88-10
www.kloster-hirsau.de

Klostermuseum Hirsau
Calwer Straße 6
75365 Calw
Tel.: (0 70 51)-59015
www.alpirsbach.de/infozentrum/

Tourist-Information Alpirsbach
Krähenbadstraße 2
72275 Alpirsbach
Tel.: (0 74 44) 95 16-2 81
www.stadt-alpirsbach.de

Brauereimuseum
Alpirsbacher Klosterbräu Glauner GmbH & Co. KG
Marktplatz 1
72275 Alpirsbach
Tel.: 0 18 05-00 18 62

Zum Klosterstadt-Express
VCD Landesverband Baden-Württemberg e.V.
Tel.: (0711) 6070217

Rhein-Neckar/ Franken

Mannheim, Kurpfalz und Schwetzingen

Tourist Information Mannheim
Willy-Brandt-Platz 3 (am Bahnhofsvorplatz)
68161 Mannheim
Tel.: (06 21) 2 93-87 00
E-Mail: info@tourist-mannheim.de

Stadtinformation Schwetzingen
Dreikönigstraße 3
68723 Schwetzingen
Tel.: (0 62 02) 94 58 75
E-Mail: stadtinfo@schwetzingen.de

Schloss Mannheim
Barockschloss Mannheim
Bismarckstraße
68161 Mannheim
Tel.: (0 62 21) 65 57 18
www.schloss-mannheim.de

Museum Zeughaus
Zeughaus C5
68159 Mannheim
www.rem-mannheim.de

**Landesmuseum für Technik und Arbeit in
Mannheim**
Museumsstraße 1
68165 Mannheim
Tel.: (06 21) 42 98-7 54
www.landesmuseum-mannheim.de

Schlosspark Schwetzingen
Schloss und Schlossgarten Schwetzingen
Schloss Mittelbau
68723 Schwetzingen
Tel.: (0 62 02) 12 88 28
www.schloss-schwetzingen.de

Ab Bad Wimpfen bis Heidelberg

Tourist Information am Hauptbahnhof
Willy-Brandt-Platz 1
69115 Heidelberg
Tel.: (0 62 21) 19 43 3
www.heidelberg-marketing.de

**Heidelberger Kongress und
Tourismus GmbH**
Ziegelhäuser Landstraße 3, Neuenheim
69120 Heidelberg
Tel.: (0 62 21) 14 22
www.heidelberg-tourismus.de

Neckar Tourismus
www.neckar-tourismus.de

Bad Wimpfen
Carl-Ulrich-Straße 1
74206 Bad Wimpfen
Tel.: (0 70 63) 9 72 00
www.badwimpfen.de

Burg Guttenberg
Burgstraße 1
74855 Haßmersheim-Neckarmühlbach
Tel.: (0 62 66) 2 28
www.burg-guttenberg.de

Burg Hornberg
Burg Hornberg 1
74865 Neckarzimmern
Tel.: (0 62 61) 50 01
www.burg-hornberg.de

Tourist-Information Neckarsteinach
Neckarstraße 47
69239 Neckarsteinach
Tel.: (0 62 29)70 89 14
www.romantischevier.de

Heidelberg, Schloss
Tel. (Kasse): (0 62 21) 53 84-21
Tel. (Servicecenter): (0 62 21) 53 84-31
www.schloss-heidelberg.de
www.deutsches-apotheken-museum.de

Im Südlichen Odenwald

Römermuseum Osterburken
Tel.: (0 62 91) 41 52 66
www.roemermuseum-osterburken.de

Naturpark Neckartal-Odenwald
Tel.: (0 62 71) 7 29 85
www.naturpark-neckartal-odenwald.de
www.geotouren.de

Fremdenverkehrsgemeinschaft Bauland e.V.
Marktstraße 7
74740 Adelsheim
Tel.: (0 62 91) 62 00-0
E-Mail: FVG-Bauland@adelsheim.de

Touristikgemeinschaft Odenwald e.V.
Scheffelstraße 1
74821 Mosbach
Tel.: (0 62 61) 84-13 83
www.tg-odenwald.de

Tropfsteinhöhle Eberstadt
Verkehrsamt der Stadt Buchen
Platz am Bild
74722 Buchen (Odenwald)
Tel.: (0 62 81) 27 80
E-Mail: verkehrsamt-buchen@t-online.de

Römermuseum Osterburken
Römerstraße 18/Ecke Kreuzstraße
74706 Osterburken
Tel.: (06291) 415266

Skulpturenpark Seckach
Meisenweg 16
74743 Seckach
Tel.: (0 62 92) 12 62
www.skulpturenpark-seckach.de

Privates Bauernmuseum Schwendemann
Am Schlierbach 1
74743 Seckach-Zimmern
Tel.: (0 62 91) 64 60 29

Schwäbisch Hall und Hohenlohe

**Hohenlohe + Schwäbisch Hall
Tourismus e.V.**
Münzstraße 1
74523 Schwäbisch Hall
Tel.: (07 91) 7 55-74 44
www.hs-tourismus.de

Stadtverwaltung Waldenburg
Hauptstraße 13
74638 Waldenburg
Tel.: (0 79 42) 1 08-0
www.hohenlohe.de

Fremdenverkehrsamt Langenburg
Hauptstraße 15
74595 Langenburg
Tel.: (0 79 05) 91 02-0
www.langenburg.de

Kunsthalle Würth
Lange Straße 35
74523 Schwäbisch Hall
Tel.: (0791) 94-67 20
www.schwaebischhall.de/kulturstadt/museen/kunsthalle-wuerth.html

Dorfkäserei Geifertshofen
74426 Bühlerzell-Geifertshofen
Tel.: (0 79 74) 9 11 77-0
www.dorfkaeserei.de

Hohenloher Freilandmuseum Wackershofen
Moorwiesenweg 1
74523 Schwäbisch Hall-Wackershofen
Tel.: (07 91) 9 71 01-0
www.wackershofen.de

Touristikgemeinschaft Hohenlohe
Allee 17
74653 Künzelsau
Tel.: (0 79 40) 18-2 06
www.gewerbedienste.info

Zwischen Tauberrettersheim und Tauberbischofsheim

**Touristikgemeinschaft
„Liebliches Taubertal"**
Gartenstraße 1
97941 Tauberbischofsheim
Tel.: (0 93 41) 82 -58 06 oder -58 07
www.liebliches-taubertal.de

Schloss Weikersheim
Marktplatz 11
Tel.: (0 79 34) 99 29 50

Tourist-Information
Marktplatz 1
97980 Bad Mergentheim
Tel.: (0 79 31) 57-48 15
www.bad-mergentheim.de

Deutschordenschloss Bad Mergentheim
Deutschordensmuseum
Schloß 16
Bad Mergentheim
Tel.: (0 79 31) 5 22 12

Bildnachweis

Bildlegenden Kapitel-Opener

„Stuttgart und Region", S. 10–11
Mitten auf dem Stuttgarter Schlossplatz blickt Concordia, die römische Göttin der Eintracht, herunter aufs vorbeiziehende Volk. Das tut sie seit 1863. Sie steht auf der 30 Meter hohen Jubiläumssäule, die anlässlich des 25. Regierungsjubiläums von König Wilhelm I. im Jahr 1841 errichtet wurde. Die Skulptur selbst ist fünf Meter hoch.

„Schwäbische Alb", S. 38–39
Albkante bei Heubach: Der Steilrand im Osten der Schwäbischen Alb bildet vom Rosenstein über Haubach bis zum Nördlinger Ries mit seiner Traufseite des Mittelgebirges eine landschaftsprägende Diagonale.

„Bodensee und Oberschwaben", S. 76–77
Göttlicher Blick: Die Stadt Konstanz, dahinter der Untersee mit der Höri, rechts der Überlinger See, aus der Luft.

„Oberrhein und Schwarzwald", S. 118–119
Winterlicher Liftbetrieb am Feldberg, von dem aus – bei entsprechendem Wetter – einen herrlichen Blick auf die Alpen genießen kann.

„Rhein-Neckar / Franken", S. 160–161
Das Jagsttal durchschneidet die Hohenloher Ebene, hier beim Kloster Schöntal. Markant leuchten die gelben Rapsfelder.

Fotografen
Düpper, Christoph, 152; **Funk, Michaela**, 126 o.; **Honner, Barbara**, 30 o. u. 31 u.; **Köhler, Anja**, 108 re. u.; **Mende, Achim**, 2, 6, 7, 10–11, 12, 13, 16 alle, 17, 18, 19 alle, 23, 26, 40, 68, 70, 73 li. u., 76–77, 81 u., 82, 85, 87, 89, 90, 92 li. und re. u., 93 o., 96, 98 o., 99, 105 re., 108 li. u., 110, 112, 115, 118–119, 120, 123, 128, 133, 134, 138, 140 u., 142, 145 u., 146, 147, 159 li. u., 160–161, 168, 172 re., 173, 182 o., 183, 184, 186 li. o.; **Raach, Karl-Heinz**, 129, 130 li. o. und u., 131; **Schindler, Gerhard**, 46 li. o.; **Schmid, Herbert**, 28 re. o.; **Schneider, Friederike**, 20, 24; **Thieme, Angelika**, 27, 30 u.; **Visintin, Renate**, 57 u.; **Weller, Jürgen**, 178; **Zellmer, Michael**, 164 li.
© Armin Dieter, 42 o.
© Siegfried Geyer, Geyer-Luftbild, Heidenheim an der Brenz, 38–39
© Uwe Kaltenthaler, 103, 104 re.
© Albrecht E. Arnold/PIXELIO, 58
© Hermann Eberhardt/PIXELIO, 52 u., 60 u.
© Gerhard Giebener/PIXELIO, 106
© Michael Hirschka/PIXELIO, 37
© Marwel/PIXELIO, 50
© Pino Madeo/PIXELIO, 130 re.
© Carsten Przygoda/PIXELIO, 109
© Sven Richter/PIXELIO, 136 li.
© Tilo Schüßler/PIXELIO, 167 o.
© Peter Wetzel/PIXELIO, 88 li. o.

Bildarchive
© Bad Boll, 54, 55
© Bad Überkingen, 48, 51 o.
© Baden-Baden Kur & Tourismus GmbH, 144, 145 li. o.
© Blumenstadt Mössingen, 41, 43 u.
© Esslinger Stadtmarketing & Tourismus GmbH, 22 alle, 25 u.
© Filmakademie BW, 36 alle
© Gemeinde Gaienhofen, 94 alle
© Gemeinde Kuchen, 52 o.
© Kaiserstühler Verkehrsbüro, Endingen, 127 u.
© Kur und Touristik Überlingen GmbH, 98 re. u.
© Kurverwaltung Bad Wurzach, 105 li. o. und u.
© LIMA-Theater Esslingen, 25 o.
© Margarete Steiff GmbH, 65
© Museen der Stadt Kempten, 116 li. u.
© Museum Humpis-Quartier, 108 re. u.
© Oberschwaben-Tourismus GmbH, 102
© SchattenDaSein! THEATER Heidenheim, 67 o.
© SCHAWA tv, 57 li. u. re. o.
© Stadt Alpirsbach, 156, 157, 158 li.
© Stadt Balingen, 43 o.
© Stadt Calw, 158 re.
© Stadt Ettenheim, 136 re.
© Stadt Geislingen, 51 u.
© Stadt Giengen an der Brenz, 69
© Stadt Heidenheim, 64
© Stadt Kempten (Allgäu), 116 re. u., 117
© Stadt Ludwigsburg, 34 alle, 35 u.
© Stadt Mosbach, 174, 176 o.
© Stadt Rastatt, 150 alle, 151 u.
© Stadt Sulzburg, 122 u.
© Stadt Tübingen, 28 u.
© Stadtmarketing Mannheim GmbH, 162, 164 li., 165 li.
© Stadtmarketing Reutlingen, 44, 45, 46 u., 47 alle
© Stadtverwaltung Bad Wimpfen, 170 o.
© Stadtverwaltung Creglingen, 187 re. o.
© Städtisches Kunstmuseum Spendhaus Reutlingen, 46 re. o.
© Succession Picasso/VG Bild-Kunst, Bonn 2011, 67 u.
© SWR, 8 alle, 9 alle, 42 u., 67 u., 79, 125, 181
© SWR/Stuttgart-Marketing GmbH, 14 li. u.
© SWR/Roberto Bulgrin, 21
© SWR/Brecht-Benze, 33, 35 o., 176 re. u., 177 o.
© SWR/Gerd Ries, 49, 53, 107, 108 o., 148 o.
© SWR/SCHAWA, 56
© SWR/Maichle-Schmitt, 59, 61, 62
© SWR/Christopher Paul, 66 li. o. und u.
© SWR/Alfons Früh, 71, 132 alle, 172 li.
© SWR/SCHAWA/Renate Visintin, 74
© SWR/Tourist-Information Konstanz, 78
© SWR/Erich Schütz, 81 li. und re. o., 83 o., 84
© SWR/Dornier Museum Friedrichshafen, 88 li. u.
© SWR/Zeppelin Museum Friedrichshafen GmbH, 88 re. u.
© SWR/Promo, 100
© SWR/Hamilton, 104 li.
© SWR/Polysaga/Richter, 114 o.
© SWR/Pfronten Tourismus, 114 u., 116 o.
© SWR/Renate Visintin, 121, 122 li. o., 154 alle, 155 alle
© SWR/Jochen Loebbert, 122 re. o., 137 alle, 141
© SWR/Stadt Baden-Baden, 143
© SWR/Baden-Baden Kur & Tourismus GmbH/Frahm, 145 re. o.
© SWR/Maier, 151 o.
© SWR/Susanne Horizon Fränzel, 153
© SWR/Stephan Jakel, 159 o. und re. u.
© SWR/Stadtmarketing Mannheim, 163, 165 o.
© SWR/Stadtverwaltung Schwetzingen, 166 alle, 167 u.
© SWR/Heiduschka, 176 li. u.
© SWR/Susanne Bausch, 180 re. o. und re. u.
© SWR/Tauber-Zeitung, 185, 186 u.
© TMBW, 2, 6, 7, 10–11, 12, 13, 14 re., 15, 16 alle, 17, 18, 19 alle, 23, 26, 28, 29, 31 re. o., 40, 68, 70, 72, 73 - alle, 75 alle, 76–77, 80, 81 u., 82, 85, 87, 89, 90, 91, 92 alle, 93 alle, 95, 96, 97, 98 o. und li. u., 99, 101 alle, 105 re., 108 li. u., 110, 111, 112, 113, 115, 118–119, 120, 123, 128, 129, 130 li. o. und u., 131, 133, 134, 138, 139, 140 alle, 142, 145 u., 146, 147, 148 u., 149 alle, 152, 159 li. u., 160–161, 164 re., 168, 169, 170 u., 171 alle, 172 re., 173, 177 u., 179, 180 li. o. und u., 182 alle, 183, 184, 186 li. und re. o, 187 li. u.
© Tourist-Information Friedrichshafen, 83 u., 86, 88 re. o.
© Tourist-Information Todtmoos, 135
© Touristik-Information Vogtsburg im Kaiserstuhl, 124, 126 u., 127 o.
© Touristik und Marketing GmbH Schwäbisch Gmünd, 66 re. o.
© Touristik und Marketing Schwäbisch Hall, 178
© Verkehrsverein Tübingen, 27, 28 re., 30 alle, 31 u.
© Vinzenz Therme, 57 o. Mitte